日本史話——上古篇

汪公紀・著

序

日本是中國的近鄰，先天上注定要與中國發生密切關係。

在漢唐盛世，中國輝煌的武功和燦爛的文化，曾使日本折服。日本平安朝宮廷之內貴族之間都崇尚唐制漢學，一切模仿中國，唯中國的馬首是瞻。到了清朝末年，中國國勢逆弱，日本生了覬覦之心，一步步走上了錯誤的武裝侵略之途。民國二十六年日軍在盧溝橋的無理挑釁，揭開了大規模侵略行動的序幕。八年戰爭結果日本慘敗是咎由自取，長期抗戰和戰後的演變，卻給中國帶來了前所未有的大災害。這是中日關係最可悲的一頁。目前中華民國與日本雖無邦交，但仍然維繫著文化和經濟關係。不管怎樣，將來我們免不了要繼續與日本打交道，因此我們仍有必要了解日本這個國家和日本這個民族。

近世中國人對於日本和日本人的觀感，有「媚日」、「親日」、「懼日」和「仇日」，祇是眞正「知日」的卻不多見。十數年前外子開始在大學教學，偶爾和學生談到日本問題，發現一無所知的大有人在，因此早在那時他便興起寫日本史的念頭。恰巧《中外》雜誌社社長王成聖先生向他索稿，他便斷斷續續地爲《中外》寫了不少篇。爲了引起讀者讀史的興趣，他採取了說故事的方式，文字也盡量通俗淺近，避免枯燥呆板。敘述古代史以人物爲經，政治、經濟、軍事、社會等情形爲緯。因爲在帝制的國度裡，人的因素畢竟占有很重的分量。

這部《日本史話》上古篇，主要是將外子曾經刊登在《中外》雜誌上的文稿，加以整理補充和改寫作爲日本古代史，首先發表。日後他還準備利用閒暇，繼續撰寫。外子不是學歷史的，只是對歷史有濃厚的興趣。他動筆寫日本史，一方面也因爲他父祖都曾當過駐日的使節，他自己除了留學之外，也曾經出使過日本，似乎有一份責任感，不能不將他所認識的日本介紹給國人。他參照了好幾部日本學者的巨著，也細讀了國內學者的若干著作。然而疏漏之處或仍難免。我知道他是以拋磚引玉的心情將他的文稿付梓的。

任永溫

目次

神武天皇之謎

日本的古代史是一篇糊塗帳，一半是無稽的神話，另一半是揑造的僞史。其實揑造史實並不稀奇，很多國家都有類似的行爲，自稱是神的直系後代，更是人類常有的誇耀，不過厚著臉皮硬要和中國比古老，把自己的祖先一直追述到千餘年前，就未免過分了。現代的日本人，恍然於編纂僞史的無聊，才漸漸敢於說眞話，不過有時又過火，認爲他們的歷史都不可信，尤其不願意承認他們的皇室是由中國傳流下來的。但是我們的學者衛挺生博士，在他不朽的大作中，確實證明了神武天皇就是徐福。

日本之有正史始於第四十代的天武天皇。在壬申之後，這位君主認爲當時所傳的史實誤謬頗多，眞實的情形常常過了一段時期之後，便走了樣，必須制訂正史。他於是命令了一位二十八歲有照相板記憶力的稗田阿禮，根據史料「帝紀」、「舊辭」等，重加整理，去僞留眞，來制訂一部正史，以傳後世。但是經過三十餘年後，稗田阿禮並沒有能完成他修史的大業，而阿禮已經老邁不堪，到了元明女帝時代，不能不另外敕諭一位文筆非常秀麗的太朝臣——安萬侶，來幫忙阿禮共同續寫那未完成的著作，這就是所謂的《古事記》（西曆七一二年完成）。在古事記之外，天武天皇還創立了一所歷史編纂館，任命了一大批編纂委員，要他們仿效中國的《史記》、《漢書》的纂寫方式，廣蒐資料成爲一部完備的國家紀錄。經過整整四十年的工夫，這部巨作完成了，就是現今還流傳的用漢文寫下來的《日本書紀》，西曆七二〇年完成，共三十卷，一、二兩卷是神話，第三卷是日本正史的開始——〈神武紀〉。〈神武紀〉是神武天皇本紀，其中最重要的描述，是東征的一役，雖然很像是一篇神話，但敘述的行蹤忽東忽西、忽行忽止，尤其他在不同地區留滯的期間忽長忽短，不像是故意的虛構。據衛博士的考證，根據〈神武紀〉的記載：

一、「可確知神武天皇不生長於日本，乃乘天磐船自高天原飛降者。天磐船謂航海之樓船。『飛降』謂操縱風帆而來，『高天原』乃指海外之一地而言。」

二、當時日本文化的程度，停留在繩文文化時代，並沒有任何衝擊，能使日本忽然飛躍到青銅的彌生文化。據衛博士的研究：「近年，自筑紫至遠賀川口，出土青銅器時代之刀劍戈矛鎔範甚多，與〈神武紀〉所云，居『吉備』數年以蓄兵食之語相應，『兵』即兵器。神武東征途中先折而西行，停駐遠賀川口多日，因其地爲其兵器製造區，故親往視察製造情形，從已出土之兵器而言，其形式與先秦之大陸中原之刀劍戈矛無異，可見神武兵工之技工來自大陸。日本產銅之各地，多在伊豫安藝以東，而當日製造兵器之場所，反集中九州的西北，去礦場甚遠，顯然當時日本銅礦尙未被發現，不得已乃自大陸齊楚沿海運銅入倭，銅礦笨重，故將其冶鑄集中於日本去齊楚海岸最近之港灣，因而自唐津以至岡田皆成其冶鑄之工業區。」以上說明了神武東征武器的來源。

神武是誰呢？衛博士肯定的說，他必然是徐福。徐福到了日本之後，爲了避免秦始皇的追蹤、偵訪，甚至於討伐，他利用了語言的隔閡來保持他的秘密。他禁用當時通用的中國語言，甚至採用了秦始皇的愚民政策，認爲人民有了知識之後，便會興風作浪，「以古而非今」了。文字是罪魁，是知識思想最可怕的媒體，所以他根本廢棄了文字，在文字還沒有流布很廣的時候，便扼殺了它。那時其手下還有幾千名由齊楚各地徵調而來的童男女，他不授以中國文化，反而讓他們倭化。這時大局已平定，他這批青年戰友，一個個也已長大成人，便讓他們和當地土著男女婚配，創立家業，斷絕他們思鄉的念頭。他爲了示範，娶了原始居民木族中的賀茂氏的女兒——媛蹈韛五十鈴媛爲正妃，翌年並立她爲皇后。他自己在辛酉年即位於橿原宮，稱帝了。

以上是衛博士根據〈神武紀〉，再考證了我國各書類中有關徐福的記載而推斷的，合情合理。顯然的，神武確有其人，確有其事，唯獨有一點不能符合的是神武即位之年。照〈神武紀〉中明確的記爲辛酉之年，爲紀元前六六〇年，約當春秋齊桓公葵丘之會一匡天下的時候，距離徐福之生，四百有餘年，所以徐福似乎不可能就是神武。不過神武時代，日本根本尙未紀年。日本本來無曆，是從欽明天皇時代，由百濟的曆博士一位名叫觀勒的高僧傳授得來，到了推古女帝九年辛酉，才由當時主政的聖德太子推行曆法於全國。除了曆法之外，聖德太子還制訂了冠位、朝儀、憲法，確實應了中國讖緯家的預言，辛酉是個革新之年。聖德太子爲了修史，不能不訂一個大吉祥的日子，作爲日本的開國之期，因此他認爲辛酉年最能象徵革故鼎新，而爲了表示日本是與我國相埒的古國，於是訂了推古九年辛酉以前的第二十一個辛酉，爲神武即位之年。是神武千餘年後，他四十餘代的子孫硬替他裝上去的，焉能可信！不過辛酉每逢六十年必有一次，假定眞的是辛酉年，如若不是第二十一個，而是第十七個辛酉，那也能吻合了。

總之衛博士的研究，解答了歷史上的大謎。爲什麼徐福三次出海？三千童男女的蹤跡何處去了？日本何以忽然由繩文時代，一躍而到了精美的青銅器時代？不過這並不能使得我們與日本之間更密切，徐福的原意似乎就是想隔絕日本與大陸的關係的。

姑不論日本的學者有沒有雅量來承認這一事實，日本的第一位君主的來源，我們總算是清楚了。神武以後，根據《古事記》與《日本書紀》，有八代帝王，而無事蹟。據日本學者水野祐的研究，這八代帝王根本無其人，名字是虛構的。這當然可能。那是因爲把神武的存在提前了四百年，當然產生了很長的空隙，爲塡這四百年的空檔，至少需要八代以上的君主，當然祇能是有名而無事蹟的闕史時代了。由於把神武提前了四世紀，日本的古代史的眞僞更難確定。眞實可考的史實，要從仁德王開始了。

仁德王的畸戀

到了紀元後第三世紀，在陳壽所著的《三國志》中，對日本才依稀的有了若干有系統的記載。約後於陳壽的《魏書》二百年，日本慢慢地有紀錄可尋了。雖然傳說神話仍屬不免，但是宮室的舊址遺跡，高墳大塚，以及陸續發掘出來的葬器寶物都可爲證。高塚之偉出人意表，有的所占地面，遠比埃及的金字塔還要大，而高塚之中最大的一個，是仁德王的墳墓。仁德在中國史書上稱爲倭王讚，讚是個譯音，他的名字慢慢的清楚一點來發音，應該是薩散義，在日本語義爲鷦鷯，一個黃嘴灰身的飛禽。快嘴的日本人說，慣於單音的中國人聽薩散義寫成讚字了。這位讚，不能不稱爲英明之主，那時中國大亂，五胡亂華，四夷入侵，燒殺虜掠，天朝不成個樣子，逃難的人，無處藏身，鋌而走險，渡海遠颺了，很多漂到了「大和」，這位仁德王，便利用了這批先進人民的知識，好好的把國土建設了一番。如今的大阪，一九七〇年博覽會的所在，據說當時是爛泥堆，無法居住的。由於這批外來的人的努力，開了溝渠，濬通了河流，搭起橋梁，不多時便得到了良田四萬頃。仁德王繼續開發，三年之後，一個窮困不堪的國家成為一個炊煙四起家家有飯吃的樂土了。

飽暖之後，繼之而來的便是淫欲。儘管陳壽說其俗不淫，但「淫」風行於上，仁德王得意之餘，慨然「重色思傾國」了。雖然當時還沒有酒家、歌廳、舞廳、按摩院馬殺雞等等可以任取所需，但是他的戀愛對象也已不少。幸而有妻甚妒，王后磐姬，出自名門，並且才貌雙全，她在仁德王的四周築起了一道防水牆，初起倒還能有用，但是稍一不慎，禁不起戀愛的大颱風，防水牆終究垮了。原來仁德王有個異母妹八田皇女，是國色天香，與仁德早就有染，因為王后磐姬的關係，而被謫到遠遠的鄉下，孤苦伶仃的過活。但事有湊巧，到了某年的新嘗節，照例要大宴群臣，王后是主角，有一道菜，要用有三叉尖的柏樹葉，而這種柏葉，紀則的熊野山下才有，於是王后磐姬要使得這次宴會成功，帶領了宮娥，迢迢長征到熊野去採柏葉了。仁德王大喜，機會難得，重獲自由，快馬加鞭的便把八田皇女接到宮裡來，雙宿雙飛了。但是特工組織，無論中外，從古到今，早就存在，誰都會用。磐姬當然有她的布置，這是天大的情報，她的心腹，司庫的領班，急急忙忙的追趕她的女主人，一直追到難波津。適逢王后已經採柏歸來，裝滿了一船的柏葉，高高興興的在回程上也泊靠難波津，司庫見到了王后，連忙匍伏在地，叫道：「大事不好，皇上有了女朋友了！」磐姬傾聽之下，登時妒火中燒，立刻把一船辛苦摘來的三尖柏葉一齊拋到海裡，原來準備棄舟乘車上京的，這時變更了旅程，繼續坐船回娘家的筒城了。

仁德王聞訊，著慌了。雖然當時日本君主，和英王一樣，「不可能做出錯事來」，但是和自己的妹子同居，究竟不太體面，何況和磐姬十數年琴瑟之好，哪能完全忘情，於是命令一位舍人到筒城去接王后回宮。但是王后哪裡肯讓步，當然不理，舍人頹然而返。到了秋涼十月，快一年了，仁德王淒然心動，又遣那位舍人再到筒城去接駕，已經碰過一回釘子的人，依然又碰了回來。這時仁德眞急了，選了一位能言巧辯之士，官居「口持」——口持者專仗一張嘴混飯吃的朋友也，去遊說王后，務必要請她回心轉意。這位口持也頗有自信，自恃他的口才，同時他還有內應，他的妹妹恰巧是王后的侍女，可以從旁打邊鼓，幫個忙，因此大膽奉命前往了。他行前辭別的時候，表示此去不成功，便成仁，祇准成功，不許失敗，壯士一去兮，不復還！且看他到底是成功還是成了仁。

口持到了筒城，展開了他的戰略，先以如簧之舌來陳述利害，然後再以極動人的感情言語來打動王后，但是這位磐姬，眞是如磐石之固，無動於衷，任你怎麼說，她總是一個「不」字。她的血型可惜無從檢驗，既非A，也非O，軟也不吃，硬也不吃，剩下來的祇有靠持久戰了。於是口持下了決心，他盤腿坐下，慢慢講個不休，一個在滔滔不絕的勸，一個在垂目寧靜的聽，而外面這時已入深秋了，苦雨淒風，飄飄的細雨打在口持先生身上，青衫盡濕，他領前一顆朱紅的鈕扣也著了雨，那時日本的染色技巧大概和今天的敝國差不多，禁不起水，褪了色，一滴一滴的像血淚滴在地上，在旁侍奉的宮女，口持的妹妹，心中不忍，口吟一絕道：

巍巍筒城宮，
苦說竟無功，
秋雨成血淚，
滴滴心頭紅。

王后看他們兄妹二人也可憐，回顧這位宮女說：「算了，讓你哥哥回去吧，我是絕對不能妥協的。」

青天霹靂！懿旨下來了，還是不回宮！誰說日本婦人不妒忌，請看這位磐姬！這時口持也祇好認輸，快快而歸了。他當然不敢說眞話，去時那樣的拍胸脯，打包票，此刻如何自圓其說呢？見了仁德，他報告道：在王后宮裡看見一隻怪蟲，形如蛇，變爲蛋再變爲飛鳥，所以不得不趕回來報告，請聖上自己去看一看。這樣一來，他把辱命經過一字不提，而聖上如果自己到筒城去，應該由他自己去請王后回宮，責任他自己負了。

仁德對於怪蟲，也眞想去看一看，同時也可以請太太回家，一舉兩得，於是御駕親征了。他不惜降貴紆尊到了筒城，看到了怪蟲，原來是條蠶，這是百濟國的公子秘密贈送磐姬的，仁德大喜，他知道養蠶的重要，大大的獎勵，不久日本也有了織錦。

但是磐姬，還是頑固如初絕不妥協，絕不饒恕，鏡已破，不再圓，仁德撲了個空，帶了蠶種而歸。

不久磐姬也悒鬱而亡。磐姬死後三年，仁德正式冊封八田皇女，做了王后。

但是艷史並沒有結束。

八田皇女，有個小妹妹，也生得花容月貌，仁德王此時妒牆已拆，更可以自由的獵艷，大了膽，對這位小妹妹進攻了。他自己不好意思直接求愛，請他胞弟隼替他向這位年輕貌美的皇妹去疏通。隼是個標準大少爺，卻也是一表人才，奉了這份差使之後，更是修飾得十分英俊，到了女家，兩小一見，如同觸電，互相愛慕起來。隼毛遂自薦，替代了兄長，做了入幕之賓。仁德王等之久久不來，好不心焦，忍不住自己微服出巡了。來到女家，悄悄地登堂入室，隔著紙門，聽見隼肉麻兮兮地和皇妹說：「我枕到你腿上來，好不好？」

「當然好呀！」……

「你說隼飛得快，還是鷦鷯飛得快？」

「當然是隼飛得快嘍，鷦鷯笨笨的，又醜又老！」

「可不是，你看我先飛到你懷裡了。」

這時隼得意忘形，忽然詩興大發，口占一絕：

疾隼沖天奇，

翱翔任戲嬉，
蠢哉彼鶺鴒，
一啄墮如糜。

哪知隔牆有耳，鶺鴒恰好是仁德的名字，他聽得眞切，豈有此理，這個壞蛋，不但搶了我的愛人，竟然要施其一啄，讓我由天上摔下來，登時大怒，拔劍就斫。但是年輕人腿快，居然逃走了。仁德哪裡肯休，於是點起兩員大將，命令他們前去追趕，這兩員大將在行前請示的時候，王后八田垂涕吩咐道：「你們可以行凶，但是對於我的妹妹，不准侮辱。」兩人奉命而去，他們追到了大和山裡，終於把這對情侶殺了。這兩個將軍雖然承蒙王后再三叮囑，不准侮辱皇妹，但這時人都殺了，管不了許多，獸性大發，剝了衣裳，把皇妹貼身的首飾珠玉搶個精光，陳壽所讚美的「不盜竊」，這時露了原形，他應該長歎於地下了。

新嘗祭又到了，輪到八田王后來大宴群臣，眞是熱鬧非凡，尤其女眷們，個個打扮得花枝招展。王后極其會做人，看見有漂亮衣飾，必定來讚美兩句，當然被誇獎的都會受寵若驚，而凡身懷瑰寶的也想露出來讓王后鑑賞鑑賞。這時有位貴婦人湊近來，把一只玉鐲子獻了上來：「您瞧瞧，這個還不壞吧！」王后不看猶可，這一看當場暈倒，這就是皇妹長年佩戴貼身的玉環。嚴詰之下，知道這位貴婦人因爲想出鋒頭，在朋友家裡臨時借來戴的，而這位朋友又是誰，便是那殺人越貨的將軍！不用偵探，王后也判斷得到這兩位魯莽的將軍，必定違背了她的旨意，剝了皇妹的下裳，才拿到玉鐲的，於是定罪，判處死刑了。

從上述的這個眞實宮闈故事中，可以看得出古代日本的「淫盜之風」，竟臻於國王亂倫，大將劫屍，其社會風氣之敗壞，嚴重到了令人可怕的地步。然而在陳壽所著的《三國志》裡，記載卻又大不相同了。晉代陳壽著的《三國志》裡的〈魏書〉第三十卷，最後一章曰東夷，分爲九節，最末一節說到倭人。倭，並沒有輕侮的含意，那時日本可能自稱爲ITOH或INU，音譯當然變爲倭奴或委奴。東漢時曾經由光武帝頒發這一顆金印，文曰「漢委奴國王」，形狀大小與頒發給越南王的金印差不多，並且那時的倭人，的確也矮小些。現在發掘出來的古日本人的骨骸，平均身長不會超過一四五公分，就是比起今日賽美會世界小姐的高度，最少要低二十公分，矮一個頭，稱之爲矮人，似不爲過。至於「日本」這個國名，以及天皇這個尊稱，都是三百餘年後到第六世紀由聖德太子發明後，才決定了的。

陳壽，也不免是個文抄公，他的材料是抄自魏人魚豢的《魏略》，對於倭人極其恭維。在他筆下的倭人，比起其他「東夷之人」要文明得多，看他寫當時的韓國，很少有好話，說高句麗道：「其人性凶急，喜寇鈔；其俗淫。」描述挹婁道：「其俗好養豬，食其肉，衣其皮，冬以豬膏塗身，厚數分以禦風寒……其人不潔，作溷其中央，人圍其表，居。」除了髒之外，「其國便乘船，寇盜，鄰國患之，在夷飲食，類皆用俎豆，唯挹婁不法俗，最無綱紀也。」活畫出一個野蠻民族的面貌。再說到另外一個稍有文化的韓國時：「無跪拜之禮，居處作草屋土室，形如冢，其戶在上，舉家共在中，無長幼男女之別。」人雜聚在一個像墳堆的土屋裡，門開在頂上，爬出爬進，現在火車走過韓國的鄉下，偶爾還望得見這種如冢的住宅。他描寫韓國農閒時的風俗：「常以五月下種，訖，祭鬼神，群聚歌舞，飲酒，晝夜無休，其舞數十人俱起，相隨踏地，低昂，手足相應，節奏，有似鐸舞；十月農功畢，亦復如之。」這種相隨踏地，低昂，手足相應，有節奏的舞蹈，不但酷似台灣的土風舞，今天在南洋、在日本，也還有這類的原始舞，以表示慶祝高興。《魏略》的著者以生花妙筆，把這歷時兩千餘年的風俗，如看電視似的又複製給我們，由於他刻畫忠實，我們可以推斷他對於其他方面的記載也不會太錯，且看他如何介紹日本。

「倭人在帶方東南大海之中，依山島爲國邑，舊百餘國，漢時有朝見者，今使譯所通三十國。從郡至倭，循海岸水行歷韓國，乍南乍東，到其北岸狗邪韓國七千餘里，始度一海千餘里，至對馬國，其大官曰卑狗，副曰卑奴母離，所居絕島，方可四百餘里，土地山險，多深林，道路如禽鹿徑，有千餘戶，無良田，食海物自活，乘船南北市糴。」……帶方是帶方郡，漢武帝占領朝鮮分爲四郡，玄菟、臨屯、樂浪、帶方。帶方郡在朝鮮半島的最南端，魏時，樂浪、帶方兩郡還由中國人統治，臨屯和玄菟都由夷人據有了。那就是上面所說的「韓」、「高句麗」和「挹婁」等地方。在這一段地理介紹，當然不太正確，「乍南乍東」，已經夠使人如墮五里霧，而尤其里數，更難摸得準。但是對馬國，現在仍有其地，仍存其名，而卑奴母離這一怪名稱，確有其官，很明顯的是「夷守」，發音恰好如HINAMORI，而夷守者，日本古時的邊防司令也。「南至邪馬台國，女王之所都，水行十日陸行一月……可七萬餘戶」……邪馬台，不用說是大和了，日音為YAMATO，在四世紀，歷史上證實日本的首都的確是在大和。雖然每一代的天皇都喜歡遷都，卻從來沒有走出大和境外的圈子。四世紀以前首都何在雖無可考，但〈倭人傳〉無巧不巧的偏偏說「邪馬台國，女王之所都」，所以假定說在三世紀的末期大和已經是日本的首都，應該是極有可能的了。準此類推，可以知道〈倭人傳〉裡所載都確有其事，尤其關於譯音縱然稍有出入，可能是由於日本發音沒有發清楚，中國人聽音聽不清楚，以及中國字音，因時代之轉移，發音也起了變化，而產生了訛傳，以致配不上今天的日語。總而言之，〈倭人傳〉有很多地方可以使我們確信，那不是《山海經》，不是《鏡花緣》，而是一個老老實實的遊記。他接著又寫道：「倭水人好沉沒，捕魚蛤……其風俗不淫，男子皆露紒，以木綿招頭，其衣橫幅，但結束相連。」這也像是忠實的報導，今天的日本人還是本性不改，好沉沒捕魚蛤，而男子的裝束，一百年前明治維新時，還免不了露紒，就是頭上留著一根像辮子的髮結，直倒在頭的中央。「倭地溫暖，冬夏食生菜，皆徒跣，有屋室，父母兄弟，臥息異處」……由韓國到日本，不論是循陸而行，或沿海岸線而乘舟，都會覺得越走越暖，比起北國的滿洲地區與朝鮮的嚴寒，日本的氣候當然宜人得多了。日本人愛吃生菜，是舉世皆知，他們生吃的習慣，似乎越來越擴大，由生魚再生肉而生雞了，至於徒跣，也是非常日本式，雖然現在也學起穿襪著鞋，但一回家第一件事，便是脫鞋除襪，這一習慣不但他們未改，反而傳染給我們了。住屋各有臥處，與韓國的「舉家共在中」大不相同，說明了日本那時的經濟情形，要比韓國優厚得多。「其俗國大人皆四五婦，下戶或二三婦，婦人不淫，不妒忌，不盜竊，少爭訟，其犯法輕者沒其妻子，重者滅其門戶及宗族，尊卑各有差序，足相臣服……下戶與大人相逢道路，逡巡入草，傳辭說事，或蹲或跪兩手據地，如之恭敬，對應聲曰噫比如然諾。」這一段述說當時日本的社會狀態，是個多妻制，階級森嚴，下戶見了大人必須讓路，這種情形現在雖然已不存在，但是在「宮本武藏」電影裡，所見的一幕一幕畫面，仍然脫離不了〈倭人傳〉的記載。

這裡祇有一點，魚豢或陳壽所一再提出的，就是「婦人不淫」，「其風俗不淫」，「不妒忌，不盜竊」，好像天生的君子國，但是根據日本人自己的記載，卻偏偏不打自招，與此不符。陳壽、魚豢，眞算得客氣，把古代日本說得那樣好，可惜倭人們自己不爭氣，歷史上連篇的「淫」「盜」，仁德的子孫還更要荒唐，但是日本人對我們如何，報章上所載，幾乎提到中國的，沒有不故意誣蔑我們一下的，他們的虐待狂，永無止境，雖然這祇能說明他們的氣量小，而並不能加害於我們，倭人終究不過是矮人，什麼日出之國，大日本，名稱易改，本性難移，悲夫。

荒唐的君王

六朝《宋書》的〈倭國傳〉裡，記載了一篇極好的外交文書，其文曰：

封國偏遠，作藩於外，自昔祖禰，躬擐甲胄，跋涉山川，不遑寧處，東征毛人，五十五國，西服眾夷，六十六國，渡平海北，九十五國，王道融泰，廓土遐畿，累葉朝宗，不愆於歲，臣雖下愚，忝胤先緒，驅率所統，歸崇天極，道逕百濟，裝治船舫，而句驪無道，圖欲見吞，掠抄邊隸，虔劉不已，每致稽滯，以失良風，雖曰進路，或通或不，臣亡考濟，實忿寇讎，壅塞天路，控弦百萬，義聲感激，方欲大舉，奄喪父兄，使垂成之功，不獲一簣，居在諒闇，不動兵甲，是以偃息未捷，至今欲練甲治兵，申父兄之志，義士虎賁，文武效功，白刃交前，亦所不顧，若以帝德覆載，摧此強敵，克靖方難，無替前功，竊自假開府儀同三司，其餘咸各假授，以勸忠節。

這是日本對中國正式稱臣的一封非常有價值的文獻。不僅詞藻秀美，而且能不卑不亢，雖然以小事大，自稱臣下，但是也委婉地充分表達出來自己國力的強大，和士卒的用命，目的在爭取中國方面的同情，希望不受干涉，而能名正言順地去討伐句驪（侵略朝鮮）。當時日本朝廷裡，居然有這樣的大手筆，我們不能不傾心佩服。他能用對方的文字，來打動對方的心坎，以達成自己的目的。

這位甘心稱臣的倭王，根據日本歷史，是一個罕有的暴君，有名的大泊瀨皇子，即位後號稱雄略王，《宋書》裡則稱他爲倭王「武」。詔除武持節都督倭、新羅、任那、加羅、秦韓、慕韓六國諸軍事、安東大將軍。

大泊瀨是仁德王之孫，允恭王之子，允恭是位懦弱之主，仁德死後，群子爭位，互相殘殺，剩下允恭是排行老四，哥哥們都死光了，輪到他爲王，但他猶疑不決，不敢就位，大臣們勸駕也沒有用。在這眞空期間，上下都惶惶如也，允恭的妃子是個賢淑的婦人，看到舉國無主的情形，心知不妙，於是也加入了勸進團。那時正當臘月天氣，嚴寒來襲，這位妃子手捧一盤水，跪地苦求勸她丈夫，早日黃袍加身，眼看盤裡的水慢慢結成一面冰，妃子的手禁不起冷，觫觫地抖將起來，流出來的水也變成冰柱。允恭這才心中不忍，把妃子扶了起來，答應入登大寶了。

這一對患難夫妻，兢兢業業地過了七年的太平日子，允恭王的自信心增強了，同時久年不癒的足疾，由於中國傳來的漢方藥吃好了。賢淑的妃子早已正式冊封爲皇后，生下了極其英俊的太子，又接連生了一位皇子，和一位美麗的小公主，可以稱得上是一個美滿的家庭。但是人心不足蛇吞象，允恭王知道皇后有個妹妹，艷色天下聞，據傳她肌膚潔白如雪，穿起衣裳來，都掩不住白光外透，所以大家都稱她爲衣通姬而不名。允恭再三央求皇后爲他介紹，那時，本是一夫多妻制，而姊妹共事一夫的，更是常例。皇后不得已，把衣通姬迎接到宮裡來，但是衣通姬不僅是秀麗絕世，並且也深明大義，尤其明知道姊姊的苦衷，迫不得已才把自己獻給皇上的，她又何嘗忍心來搶姊姊的丈夫呢！所以她執意不肯，但是越是不肯，對方越是苦纏，結果衣通姬提出了一個條件，就是絕對不能住在宮裡，而要在遠遠的地方，另營居室，這倒合了允恭王的胃口，於是就在藤原大興土木，美輪美奐地金屋藏嬌了。從此允恭王就常常出獵，或者行巡到藤原，很少在宮裡住了。

這時皇后又有了身孕，將要臨盆之日，皇上居然又要到藤原宮去，皇后不禁妒火中燒，眞的點起一把火來燒自己的寢室，並且準備自己也燒死在產房裡。允恭聞訊，才倉皇趕回來救火救人，就在這亂烘烘當中，皇子大泊瀨出世了。

大概是受了胎教的影響，大泊瀨生而殘忍凶暴，對於女人尤其狠毒。那時的日本女人更是不値錢，他早上看中了的女人，晚上就殺了，晚上看中的女人，早上殺了，無法無天地亂來，一直也討不到正式的老婆。

允恭的長子輕太子，一表人才，偏偏愛上了自己的親妹妹，居然做出了不可告人的事。允恭聞知，也慌了手腳，家醜不可外揚，不敢公然把太子定罪，於是就把自己不爭氣的女兒，流放到外島去。誰知這位如花似玉的公主竟投海自殺，爲哥哥殉情而死。輕太子也自暴自棄，終於切腹而亡了。

允恭死後，大泊瀨的二哥安康王即位，他們手足情篤，安康王看到大泊瀨還未娶妻，四處央人作媒，但沒有人敢把女兒嫁給這位出名的暴徒。最後知道叔叔草香王子家裡，有位妹妹，長得嬌艷，便差了親信去求婚，叔叔是個好人，自己的姪兒來討媳婦，焉有回絕之理，馬上把家藏珍寶一頂碧玉冠拿出來，作爲信物，請來人帶回去。哪知這個喪盡良心的使者，一生從來沒有見過這樣的無價之寶，他見財起義，哪裡肯輕易放過，況且大泊瀨的聲名早就四海狼藉，到處遭到打回票，這次再碰一回釘子，誰也不會奇怪。於是他把那頂碧玉冠自己暗行收下，編造了一番謊話，說道這位老叔如何如何的不講理，如何如何的辱罵了兩位姪子，硬生生地拒絕了這門親事。

安康王一聽之餘，怒不可遏，不但碰了一鼻子灰，並且挨了一頓侮辱，他立刻點起兵將，不問青紅皂白，就冤冤枉枉把叔叔滿門斬殺，唯獨叔叔的寵姬中蒂，是個絕色美人，被他載回家去，不久便納爲皇后。這位中蒂姬有個四歲的拖油瓶當時抱在懷裡，得以不死，也長得眉清目秀，取名眉輪，安康王非常寵愛他搶來的小嬸娘，但是每次看見眉輪，心裡總是不舒服。這樣過了三五年，眉輪慢慢懂事，對於他的堂兄、現在又是繼父的安康王，也很有戒心。安康王即位後三年，一天中午，秋風初起，安康王吃了點酒，意興陶陶偎枕在愛妻的懷裡，方欲入睡，忽然看見小眉輪在院子裡，獨自一個舞刀弄劍，他好不自在吶吶的說道：「這小子如果知道是我殺了他的爹，一定會報仇，不如我先幹了他。」話雖然說出了口，但是在這樣的溫柔環境中，依然墮入了溫柔鄉中，呼呼熟睡了。可是眉輪在院中，卻把話聽得清楚，先下手爲強，後下手遭殃，眉輪看機不可失，於是躡手躡腳，乘他媽媽也在半睡狀態中，拔出枕邊的利刃，一刀就把安康王刺死了。

宮中登時大亂，消息傳出去後，大泊瀨以皇弟的身分，立刻以疾風迅雷的手段，領兵到他弟弟白彥王子家裡，責問他爲什麼逢了兄喪而不舉哀，又責問他爲什麼不興兵討賊，白彥王子來不及回答，就被他哥哥殺死。然後他又去找他五弟黑彥王子，黑彥王子這時避亂，已經逃到圓大臣家裡去，恰巧眉輪也躲到圓家，於是一網打盡。圓爲了贖死，願意把所有的五處豪華的殿堂再賠上自己的生女韓姬一起獻出來，但是大泊瀨無動於衷，把這一干人犯個個處死，放起一把火來，把圓家燒得精光，唯獨韓姬，確實長得不錯，納入後宮了。

這次政變，據日本史家研究，認爲眉輪七歲殺人，頗有疑問，凶手另有別人，可能就是大泊瀨。他把弒君之罪，栽在眉輪身上，再把七歲的眉輪殺死以滅口，總之在這一次的大殺戮之後，允恭王的五個兒子，祇剩下了大泊瀨一個人了。此外有資格可以與他爭王位的，只有允恭王的胞姪押羽王子，他於是一不做二不休，正當秋高氣爽的季節，大泊瀨約了他的堂兄押羽去狩獵，馳馬搭箭正玩得高興的時候，只聽見大泊瀨喊道：「野豬來了！野豬來了！」弓弦響處，一箭穿心，押羽倒在血泊裡了。

大泊瀨，這時唯我獨尊，即了王位，史上稱他爲雄略王。他祖孫三代是否眞的東征毛人五十五國，西服眾夷六十六國，渡平海北九十五國，現在無法稽考，不過很顯明的他表中所稱的國，最多是一些不成組織的原始部落，征服了這些部落，料也不難，也沒有什麼可誇耀的，但是句驪就不同了。句驪是通中國大陸的要道，那時的日本，東望，極目千里外，惟見浪滔天，是那無邊無垠的太平洋，是天塹，是盡頭，沒有什麼可想頭的；而西方，是大陸，文化的泉源，典章文物，取之不盡，又是財物的寶庫，玉帛錦繡，用之不竭，誰能不嚮往西方呢！因此日本在朝鮮半島的南端，早就占有橋頭堡——任那，成爲日本的保護地，這在日本，是極重要的生命線。但在三韓說來，任何人都會感覺到不自在。那時的朝鮮，雖然小國林立，但是共同的敵人，是占據了任那的日本，縱然一時趕他不走，也要搗他的蛋，讓他沒有好混的。表中所謂：「句驪無道，圖欲見呑，掠抄邊隸，虔劉不已。」實在是他先呑了人家，現在人家不過想呑回來而已。但是他文章寫得好，可憐兮兮的，做出挨打的樣子來，才令泱泱大國的宋，糊裡糊塗地同了情，除爲安東大將軍。大泊瀨奉命爲安東大將軍之後，立刻派他手下武士——吉備田狹，做任那的國司。田狹，世代爲將，東征西討當中，頗立功勞，但是個好色之徒。那時他新得佳人字稚姬，明眸皓齒，朱顏丹唇，漆黑的頭髮，雪白的皮膚，田狹奉命出征，十分捨不得離開稚姬，於是一五一十據實地稟明了雄略王，要求攜眷上任，哪知道這番老實話，出了大毛病。雄略王知道田狹家藏尤物，不禁垂涎萬丈，當然所請不許，並且催他立刻啓程，等他走後，這位嬌滴滴的稚姬，很快就變成雄略王的寵妃了。

田狹到任之後，才聽到消息，眞是肝腸痛斷，懊恨萬分。他和吳三桂一樣，聽到李闖搶了陳圓圓之後，便把心一橫，反了。原來是敵人的新羅，立刻化敵爲友，他占據了任那，獨立起來。雄略王大怒，也不肯甘心，但是田狹是名將，能夠和他拚一拚的，算算竟沒有幾個能手，祇有田狹前妻之子——弟君，深通韜略，可能是他父親的對手，不得已就拜弟君爲安東大將軍麾下的車騎將軍，征討任那、新羅的叛徒，要他去殺他的親爹。弟君，忠孝不能兩全，痛苦萬分，而君命不可違，祇好進軍。田狹聞訊，原來已嚴陣以待，預備殺個痛快，這時舐犢情深，單騎走到愛子營裡束手就擒。但是，弟君也是個重情人，父子之親，哪能下此毒手，兩人抱頭痛哭，弟君把軍隊全部交給了父親，算是盡了孝，獨自一個回到日本去，刎頸自殺，託他的太太把頭獻給了雄略王，算是盡了忠。

宋安東大將軍、倭王武，征討句驪的一幕，就此虎頭蛇尾而終，但是他和中國的關係，反而越來越密切，並且學到了一個乖，知道武力之不可恃，冒冒失失地侵略人家，往往會得不償失，他從此放棄了這個念頭，而在另外一方面去發展了。他羨慕中國的繁榮，於是派人渡海到吳——蘇州——請了一大批會織會紡的男女工人，費了兩年的時間把他們送到了日本，就開始一面養蠶，一面紡織，又把散居在日本各地的中國人，都一起請到他的首都附近安置下來，分門別類地請他們釀酒、製陶、染色、雕琢玉石、製作弓矢刀劍馬鞍，名副其實地工業化起來。幾年之後，他的府庫，各種寶藏都堆積如山了。雄略王龍顏大悅，對這批外來的中國人特別賜以雅號，號之爲禹都萬佐。禹都者中國也，萬佐者，什麼都會做之意也，誰知一千五百年後，輪到我們稱日本人爲萬佐了。

美麗的稚姬被搶進宮後，深深地得了寵，並且替雄略王生了一個胖小子，性情、長相，和他父親一模一樣，殺人如痲的雄略王，這時已收了心，對他這個小兒子，更是慈愛得像塊嫩豆腐，替他取名星川皇子，雖然上面還有幾個兒子，但硬把他立爲皇太子。多麼凶狠的人，總是要死的，到了六十二歲，雄略王蒙主召寵，遺詔命星川繼位。這位皇子年才十數歲，他的母親稚姬教他道：「你第一件事，先把倉庫看好了，有了庫府，你的王位才保得住。」這的確是至理名言，可是十來歲的孩子，哪裡能懂得這個道理，他到庫藏裡一看，不禁看得心花怒放，眞是琳琅滿目美不勝收，他立刻據爲己有寸步不離，以便慢慢享用，此外他一概不管了。當然過不幾時，朝政大亂，他的哥哥好心來勸，也被他關進庫裡。他母親，始作俑者，也跑來開導，就在這個時候，大臣們群來進諫，星川看見大批人馬到來，一時沒了主意，索性也躲進倉裡，鎖將起來，不准任何人進來，就在這人聲嘈雜當中，忽然起火，皇后稚姬和兩位皇子統統燒死在庫裡，星川以身殉財了。

田狹駐守任那，成爲一方之主，聽見雄略王的死訊，率領了樓船四十艘，預備來迎接他的愛人稚姬，不料船未到而焚庫之禍已作，他知道稚姬慘死後，一切完了，便下令回航，到了任那之後，把所有部屬都遣散了，他從此不知所終。

共立女王

《三國志・魏書》裡的〈倭人傳〉，有如下的記載：

其國本亦以男子爲王，住七、八十年，倭國亂，相攻伐，歷年，乃共立一女子爲王，名曰卑彌呼，事鬼道，能惑眾，年已長大，無夫婿，有男弟，佐治國，自爲王以來，少有見者。

在日本歷史裡，找不出這位卑彌呼的女王來。《魏書》完成的年代，大約在三世紀中葉。所記的卑彌呼，應在二世紀末期。根據所述，眞實性十分可靠。奇怪的是約於三百年後，歷史果然重演，日本又出現了一位女帝。這位女帝炊屋姬，確是因爲倭國亂，相攻伐之後，共立爲王，一樣的年已長大，一樣的少有見者，所不同者佐治國的，不是男弟，而是自己的胞姪兼姨甥，又成爲女婿的廐戶王子。

一代暴君雄略王之後，由於他大戮宗族的關係，王室式微，承繼他王位的清寧王，在位僅五年，就一命嗚呼，從此他這一支便絕了後。群臣把兩位在逃的姪兒找了出來爲王，但他們也不爭氣，不久也都紛紛下世，祇好再在遠親裡找王胤。好不容易在播磨地方，尋到了雄略王的遠房姪孫，眞的是起自田間，入登九五，號稱繼體王。繼體者繼統也。日本皇統萬世一系才得以不墜。這班辛辛苦苦把他請出來的人們，實在是功不可沒，不過也有他的特殊理由。那時日本的君主，實際上也沒有什麼幹頭。古代日本以職業來分爲姓，大概有八種姓，曰臣、曰連、曰君、曰別、曰直、曰首、曰造、曰史。各有專司，而以臣、連、君三者爲最高層的階級。「臣」大約是專司行政，「連」是軍人，而「君」則管祭祀，事鬼神，這些「臣」、「連」、「君」的首長，則加一個大字。凡是有自卑感的人，往往也是自大狂，喜歡用「大」字，日本人至今不改，這一點和毛酋相同。毛酋有大鳴、大放、大力、大躍進、大革命。日本的日常語彙裡，慣用的是大日本、大賣出、大至急、大痛手、大地主。在古時，他們有：大君、大臣、大連。一連串大字輩的人物，支配了那時的日本。大君是神的代表，主持祭祀，地位最爲崇高。大臣是最高行政官，掌握實際政權，而大連則是軍事首長。大家都大，所以也難分得出究竟誰大。大君出了缺，大臣或大連未必甘願放棄現有的實權，而去就那空洞的神職，終日裡叩頭禮拜，要那三寶——玉、鏡和劍，所以寧肯到處去訪覓大君的後人，而不願自來頂替。同時大君既然是大臣和大連所支持出來的人，大臣和大連當然也就更值錢了。大臣和大連之間，則成爲兩雄不並立，他們和大臣一樣也都是世襲的，所以也就是世代的仇敵，「相攻伐」，成爲必然的結果了。

繼體王時代大臣是由蘇我一家擔任。大連是由物部一家擔任。蘇我因爲武力不如物部，所以常居下風。但是繼體爲王以後，蘇我家裡三個女兒都嫁到王室裡來。大姊二姊都嫁給了繼體之子爲妃。最小的妹妹則嫁給了繼體的孫子用明。這兩位女婿，以後都繼承爲王，蘇我成爲皇親國戚，更增加了他的地位和名望。蘇我另外還有一種潛力，就是一批由中國渡來的技術人員，統歸蘇我接待和指揮，因此生產經濟大權也等於操在蘇我的掌中。除此之外，日本的宗教信仰也起了變化。由中國傳來的佛教，大行其道，不論教義或儀式，都比原來固有的神道教，來得深奧、高明和莊嚴。佛教代表了新思潮，一班信徒也以蘇我爲中心。

繼體王死後，子欽明即位。欽明王就是老蘇我的女婿。他娶了蘇我兩姊妹爲妃，兩姊妹一共生了五男二女，可是欽明不幸短命而亡。長子敏達即位。敏達本有妻，但偏偏又看中了自己的異母妹炊屋姬。日本皇室傳統，兄妹戀愛並不稀奇，可以說是史不絕書，而況炊屋姬又生得特別嬌美，絕頂聰明，是個窈窕淑女，誰見誰愛的公主。這時敏達王便納她爲妃，但是佳人命薄，結縭不久，敏達也一病去世。當時日本的習慣，大君晏駕，不能立刻落葬，諒闇三年，停在殯宮。炊屋姬哀痛萬分，守著棺柩，寧願在殯宮裡，度那淒苦的日子。誰知她還有單戀的弟弟——穴穗部，是個色膽包天野心勃勃的小夥子。他看著姊姊又兼爲嫂的炊屋姬，孤零零地獨居在空殿，以爲有機可乘。一天，躡手躡腳地閃了進去，居然想一施偷香妙計，不料炊屋姬死命不從，大聲喊叫起來，驚動了敏達王生前寵臣三輪，聞聲來援，把皇弟穴穗部趕了出去。本來亂闖殯宮，已罪在不赦，何況再對王妃橫施強暴，更是罪上加罪。但是穴穗部頭腦轉得快，惡人先告狀，他反硬指三輪無禮，控他顯明地獨霸朝廷，阻攔皇弟向大行皇帝行禮，其罪當斬。他這番話也振振有詞，說得大臣蘇我和大連物部都連連點頭稱是。這兩人是因爲敏達王在世時，特別寵信三輪，日本正史《書紀》裡這樣記載道：「事無巨細，悉以資之。」蘇我、物部早已視三輪爲眼中釘，此刻正是報復的好機會，連忙就聽從了皇弟穴穗部的調遣，領兵搜捕三輪，結果在炊屋姬的海石榴市宮裡捉到，就地把他處死了。

炊屋姬受了弟弟穴穗部的雙重侮辱，尤其忠心耿耿的老三輪，無緣無故爲她而死，更覺得此仇不報，何以爲人。好漢報仇，三年不晚，總要找個翻身的日子。果然機會來了。敏達王的後繼者，是他的二弟用明王，在位兩年便生起病來。在以往的習慣，以弟承兄行之已久，萬一用明王不豫，應該由穴穗部來繼位。但是因爲他行爲不端，公意屬向敏達王的長子，或者敏達王最小的弟弟泊瀨部。野心家穴穗部聞風大急，那時老蘇我已死，小蘇我雖然是親舅舅，但是卻特別憐愛姊姊炊屋姬，所以穴穗部不敢去和他商議，而轉向和舅舅的敵人物部密謀了。物部也正中下懷，由於近年來蘇我的權勢日益高漲，早已深感不安，馬上答應支持穴穗部爲王，想藉機來消滅蘇我，於是緊鑼密鼓，暗暗布置起來。但是蘇我的情報工作做得徹底，穴穗部和物部的陰謀，很快被蘇我全盤知悉。用明王的病勢一天比一天嚴重，到了二年的四月裡，竟一病不起，蘇我得訊較早，立刻由炊屋姬下詔，把皇弟穴穗部處死，同時擁立最幼弟泊瀨部爲王，一面又領兵直逼物部。物部因事出突然慌了手腳，原擬擁立的穴穗部已就戮，重心頓失，滿心想名正言順，挾天子以令諸侯的，如今局面一轉，反而變成叛逆，眞是一著遲，滿盤錯。他當然敵不住四面八方來攻的討伐軍——而這時在蘇我陣營，更出現了一名俊秀絕倫的小將，是用明王的嫡嗣，炊屋姬的胞姪——廐戶王子。他年僅十六，已經射得一手百步穿楊的好箭。他親自刻了一塊四大天王的木雕像，帶在身旁，當雙方鏖戰正酣的時候，物部親自馳馬來督戰，一眼被廐戶王子遠遠望到。他拍拍腰間的四大天王像，挽弓搭箭，口中念道，請你們幫我這個忙，就對準了物部心口射去。說時遲，哪時快，果然一箭中的，物部翻身滾下馬來。物部嘍囉看見主將已死，呼嘯一聲，各自逃命，全軍潰散。戰後廐戶王子爲了還願，在難波地方蓋了一所四大天王廟。這所寺院，今天還巍然存在。

這次亂平之後，日本不再有大連的職位，也不再有連姓。泊瀨部王子即位，史稱崇峻，崇峻王也是蘇我家的姑爺，他的處境十分可憫。蘇我平定物部之後，更是氣勢凌人，唯我獨尊，又身兼國丈，哪把女婿放在眼裡。在崇峻王這邊說，他是萬分地不自在，暗忖既然可以殺我的哥哥，有朝一日他也能來殺我，因此終日裡戰戰兢兢地過日子，盲目地想求出路。他想東國地區向來是大君的領域，王族子孫所聚集的中心，應該去聯絡、羈縻。所以他就不斷派心腹人去撫慰、犒賞，東國的人當然也不斷地來朝貢。這種舉動，使得蘇我起了疑心，對於崇峻更加戒備。事有湊巧，一天有人獻上了一頭活野豬，崇峻一時高興，下得殿來，拔出寶劍對準野豬揮去，竟把野豬頭斫了下來。他心花怒放，撫劍叫道：「總有一天，我會把那討厭的人，像這頭野豬一樣，把他斬了！」青年人沉不住氣，話出如風，說得痛快。怎奈隔牆有耳，偏偏被王妃聽得清楚。她凜於父親的威嚴，不敢不報告。蘇我果然大怒，他想此人不除，後患無窮，先下手爲強，後下手遭殃。適東國又有人來朝貢，崇峻興頭興腦地接見貢使。就在進貢的儀式上，蘇我命他手下驍將直駒，當眾把崇峻王刺死了。崇峻即位僅得六年便遭不測而亡。

弑君的逆賊直駒自恃有功。既然已經殺了皇上，索性一不做二不休，干犯起王妃來了。他居然偷偷掩進宮裡，非禮了那出賣自己丈夫柔順無能的河上娘——蘇我親生的女兒。是可忍孰不可忍，蘇我怒極，將直駒捉牢，綁在樹上，百弩齊發，把他射成個死刺蝟。

崇峻王死了，有資格做王的幾位王子非夭即凶，次一代的王孫輩尚幼，在蘇我看來也都靠不住，將來長大了可能成爲和崇峻王一樣的死敵。在這種情形之下，最妥當的辦法，是由女人來繼位了。炊屋姬是老蘇我的外孫女，是個可憐蟲，早年守寡，被自己的弟弟數度凌辱的柔弱女性。但是她聰慧善揣人意，知書識禮，對她大權在握的舅舅，老蘇我的兒子，尤其十分恭順，體貼入微。甚至有人傳說他們甥舅之間，有著極特殊的關係。若論資格，她是繼體王的孫女，欽明王的愛女，敏達王之后。擁立她爲王，有何不可。於是炊屋姬就在這樣的條件下，入繼大統，成爲日本歷史上第一位女帝。

在日本神話史上，女帝不少，有天照大神，有神功皇后。而在《魏書》上也有卑彌呼女王，但都不可考，不爲小心的史家所採，所以要數炊屋姬爲女帝之始。以後日本歷史上有八代女帝斷續地出場，不過都沒有炊屋姬的朝代來得輝煌。

炊屋姬登基時，已是四十歲的徐娘，歷經憂患飽嘗人間苦樂，是個成熟的女性。她在位三十六年中，日本文化飛躍，經濟豐裕，是個罕見的治世。

她首先安定了國內緊張的局勢，苦勸她舅舅對於物部大連的舊人採取寬大政策，以消除互相仇視的情緒。她又取消了任那的遠征計畫。任那是日本在朝鮮半島的橋頭堡，但在雄略王時代失去了。歷代的日本君主處心積慮力圖恢復。崇峻王曾經動員了將近三萬人的大軍，預備渡海西征，祇恨出師未捷身先死，而這批大軍卻被蘇我所利用，作爲討伐物部的工具了。此時炊屋姬下令全部復員，與民休息，在她一朝之中雖然還有幾次的軍事動員，都不過是對百濟或新羅外交上的虛張聲勢而已。她最大的功績，是起用了廄戶王子來攝政，自己退到幕後，實行了虛君政體，可以算得是日本虛君制的創始人。

廄戶王子，是日本歷史上最受愛戴的人物，史稱聖德太子。對於他，有無數的傳說，說他三歲就會誦佛經，說他是人間罕見的美男子，飄逸俊秀，肌膚如雪，並會發散香味。說他聰明絕頂，耳聽八方，同時可以斷十件複雜的疑案。不管傳說如何，他毫無疑問是個飽學之士，尤其對於中國的經史更是精通。他篤敬佛教，興建了很多寺院。除了四大天王寺外，有名的法隆寺、中宮寺、法興寺、法輪寺、大安寺、廣隆寺、坂田寺等等，都由他經手建造，而爲了建造這些寺院，還由中國和朝鮮請了許多專家藝人來。總之，是他奠定了日本文化的基礎。

那時中國已是隋煬帝時代。大業初，煬帝承文帝的餘業，國勢鼎盛，各國紛紛來朝，廐戶王子自不能例外。他也派人渡海前來。《隋書》裡載道：「大業三年，其王多利思比孤遣使朝貢，使者曰：聞海西菩薩天子重興佛法，故遣朝拜，兼沙門數十人來學佛法。」這是有史以來，日本第一次正式派人來和中國訂交，是個文化訪問團，極其高尚和平，倘若兩國國交永遠能停留在這一階段上，該多麼美滿！多利思比孤，據考，多利思，讀如TARASHI，可譯爲「王」，比孤，讀如HIKO，是男子之美稱，等於中國的「子」字，日本皇族究竟姓什麼，無人知悉。當時的日本使者，也祇好以「王子」來答覆中國方面的好奇心，而這「王子」當然是指廐戶王子了。使者所賫的國書，和雄略王時代大不相同，已不再稱臣，不但對等相待，並且還要搶個上風，居然這樣寫道：「日出處天子，致書日沒處天子，無恙！」煬帝看了之後，不悅，對鴻臚卿說：「以後蠻夷書有無禮者，勿復以聞。」但是煬帝還是雍容大度地第二年派了文林郎裴清，到日本去答訪。《隋書》的記載很有趣地描寫裴清到了日本的一段寫道：「倭王遣小德阿輩台，從數百人，設儀仗，鳴鼓角來迎，後十日又遣大禮哥多毗，從二百餘騎，郊勞。既至彼都，其王與清相見，大悅曰：『我聞海西有大隋禮義之國，故遣朝貢，我夷人僻在海隅，不聞禮義，是以稽留境內不即相見，今故清道飾館以待大使，冀聞大國惟新之化。』」《通志》裡也有同樣的記載，不過下面還多一段：「先時，其王冠服仍其國俗，至是始賜與衣冠，乃以綵錦爲冠，飾裳皆施襈，綴以金玉。」當時接待使臣的排場，也夠莊嚴，比起今日有過之而無不及。這裡所提到的小德阿輩台、大禮哥多毗，都是相當的高官，小德和大禮都是廏戶王子手訂的官階。史書裡說他訂冠位爲十二級，最高爲大德，次小德，次大仁、小仁、大禮、小禮、大信、小信、大義、小義、大智、小智。他不取仁義禮智信的順序，而取仁禮信義智，是要配合五行木火土金水相生的理論。

廏戶王子除了官階之外，他確定了日本元首的名稱及國號。日本的元首以往稱大君，儘管號爲大，但是大字輩的等位很多，無以顯其特別大。尤其那時大權旁落，身爲大臣的蘇我，不但把他的死對頭大連物部滅了，並且把大君炊屋姬也收在他卵翼之下。三大之中，這時似乎變成大臣最大，是實際上的主宰。廏戶王子在實力上，不能和蘇我爭勝，他也不去做那傻事，但在文字上，他卻可以和蘇我鬥法。蘇我是個白丁，胸無半點墨，對漢學尤其一竅不通。廏戶王子抓住了蘇我這一弱點，於是他索性把大君的名稱廢除不用，而在漢籍裡挑選了兩個字：「天皇」來代表元首。在中國的典籍裡「天皇」用得很多，除了天皇、地皇、人皇以外，蔡邕說：「天皇者，諸夏之所宗也。」項峻的《始學篇》裡「天地立，有天皇」。「天皇」這兩個字讀起來響亮乾脆，日本音讀法如「田諾」，比起大君的奧奧幾米，或多利思比孤，要神氣得多，同時在意義上與天同等，何等威風，兩個漢字，壓倒了任何音讀的高貴名詞。炊屋姬上了尊號，成爲日本歷史上第一位「天皇」，推古天皇就是她了。

日本的國號，也是廏戶王子的傑作，他致隋煬帝的國書裡，極力想避免再用「倭」字，「倭」在字面上，總免不了讓人聯想到「矮」字，而偏偏倭人是眞矮，日本人哪裡忍受得了，居然讓他想出「日出處」幾個字，以對「日沒處」，自己占盡了便宜。旭日東升，照耀四海的日出，總比那夕陽無限好，只是近黃昏的日沒要來得活潑有生氣。從此他便棄置了倭字，改爲日本了。名正而言順，廐戶王子在文字的活用上獲得了不朽成就。

對於曆法，他也下了一番工夫，日本無曆，根本不紀年，他由百濟請來一位高僧，名叫觀勒，把中國的曆法傳了來，這才有了甲子。日本因爲無年，所以也無史，衹有那斷片的傳說，這時他開始修史了。根據中國讖緯書，《詩汎歷樞》認爲周甲六十年內，每逢「午亥之際爲革命，卯酉之際爲改正」。《易緯》認爲「辛酉爲革命，甲子爲革令」，其中以辛酉年最爲吉祥，恰巧推古九年，西曆六〇一年是個辛酉，於是倒指上去二十一個周甲的辛酉元旦，定爲神武天皇即位之日，這就是今天日本的開國紀念日了。

廐戶王子因爲深受儒佛的薰陶，他要實現大同理想，矜寡孤獨廢疾者皆有所養，所以在他所建造的四大天王寺下附設了四院：施藥、悲田、療病、敬田，來實行他的社會慈善事業，又根據了儒佛的理想，訂定了憲法十七條，重要的幾條，讓我來約略地介紹如下：

第一條　以和爲貴。

第二條　篤敬三寶，三寶者佛、法、僧。

第三條　承詔必謹，君則天，臣則地，天覆地載，四時順行，以通萬氣，地如覆天必招敗壞。

第四條　群卿百僚，以禮為本。
第六條　懲惡勸善，古之良典。
第十一條　功過明察，賞罰必當。
第十五條　背私向公，為臣之道。
第十六條　使民以時，民安政和。
第十七條　政勿獨斷，必與眾謀。

這十七條也顯示了他內心的鬱悶。是在蘇我氏的壓迫下，一種不得已的呼籲。他苦口婆心地想蘇我氏能就範，但是與虎謀政，永遠沒有成功的可能，推古天皇三十年，壬午，厩戶王子抑鬱而死，享年僅得四十有九。《日本書紀》記載他逝世的消息傳出後，「天下百姓，老者如失愛子，幼者如喪慈父，哭泣之聲，不絕載途，耕者輟耕，舂婦棄杵，日月無輝，天地崩析。」形容也許過分，但客觀說來，不能不承認他確是專制時代的賢主，死後謚曰聖德太子，聖德二字他足以當之。他忠事他姑母，尊她爲天皇，提高了日本的國際地位。他仁民愛物，實現了儒家的理想，在權臣的威脅下，始終能與他和平無忤，並且能制訂建國的大綱大法，更是難能可貴。在外交上，他開拓了中日邦交，以後唐宋兩朝，日本的使者學人絡繹於途，把中國的文化輸送到日本去，今天我們已經失去了的舊文化，日本還能忠實地爲我們保存著，使得我們還能夠去「求諸野」，這也應該算是拜聖德太子之賜了。

推古天皇在聖德太子死後六年薨，已是七十六歲的老媼，此後日本又陷入內爭混亂的局面裡去了。

第二位女帝

日本史上第一位女帝，推古天皇，做了三十六年的太平天子，年老得病，薨於位。在她彌留之際，卻遺下了禍根。那時聖德太子已先她而死，有資格繼承皇位的有聖德太子的兒子山背王子，和敏達王的長孫田村皇子。在她病革自知不起時，分別把這兩位王子找了來，床前吩咐後事。但是由於她既病且老，言語已說不清楚，兩位王子都以爲老婆婆把皇位屬意自己，每個人都高高興興地回去，預備袍笏登場，而就在這糊裡糊塗中，她老人家歸天了。

兩位王子當然互不相讓，但是取決的大權，仍然是在蘇我的手裡。那時蘇我已三傳，到了蘇我蝦夷爲大臣。蝦夷本來對這兩位王子無所袒，誰知蝦夷的叔叔摩理勢卻明顯支持山背王子，好像他有野心將來要挾天子以自重的樣子。臥榻之旁，豈容他人鼾睡，權力之所在，不能客氣，儘管是胞叔，也非除之不可了。於是在一個月黑風高之夜，蝦夷派兵襲殺了摩理勢，同時以迅雷不及掩耳的手法，擁立了田村皇子爲天皇，繼承了推古女帝，號稱舒明天皇。

蝦夷立舒明的另外一個理由，是因爲他自己的妹妹就嫁給了舒明爲后，而歷來蘇我家的姑娘，都是幫助娘家做夫家的情報的，等於派得有枕邊特務人員，所以大可放心。舒明即位之後，對他這位皇后，不免也有戒心，不敢多所親近，而恰好自己的姪女寶皇女新寡，出落得花顏月貌，讓人憐愛。這位好心的叔叔便把她迎進宮裡，不久便納她爲妃，而她的運氣也從此大轉。那位蘇我家的小姐，正宮皇后，竟暴病而亡，她當然扶了正，冊封爲后了。舒明和蘇我皇后生了一個男孩，取名古人。和寶皇女生了兩男一女，老大是男取名中大兄，老二是女取名間人，老三是男取名大海人，一家幾口，倒也安樂。朝政完全操在蘇我的手裡，舒明也懶得去計較。他專心崇禮佛法，一心忙著跟和尚打交道，興建廟宇寺院，美化佛像，派遣留學生到大唐去取經，同時再由朝鮮半島聘來各種工匠技術人才，忙著招待，爲他們建新村、闢道路，把飛鳥川改名爲百濟川，在百濟川邊又建了一所百濟寺，以安頓這批外來客。儘管他這樣的虔誠禮佛，佛卻沒有賜給他壽命，剛剛四十九歲，正當盛年，竟一病嗚呼，在位僅得十三載。原以爲春秋尚富，王子也都未成人，所以沒有立太子。這時，因爲不可無君，倉卒之際祇有由皇后來繼位了。於是寶皇女就成爲日本歷史上第二任女帝，尊爲皇極天皇。

當然這裡面還有陰謀。一度和舒明天皇爭皇位的山背王子，雖然後台老闆已死，但是本人仍健在。他是聖德太子的嫡嗣，甘棠遺愛，凡是受過聖德太子恩澤的人，沒有不想擁戴山背王子以報恩的，剛好正觸犯了蘇我的大忌，爲了抵制山背王子，也得有個有分量的人，寶皇女是最適當的擋箭牌了。

據傳擁立寶皇女的妙計，是出自蘇我蝦夷的兒子入鹿。入鹿是個足智多謀敢作敢爲的少年公子，當時的貴族子弟讀漢籍成爲風尙，由中國回來的高僧旻，最受崇敬，大家都來拜師請益，入鹿也是其中之一。僧旻有一天對他的高足藤原鎌足說道：「在我門下的，雖然人很多，但是除了你之外，沒有人能及得上入鹿的。」入鹿和藤原，既屬同窗，又同是秀才，理應成爲密友，但是他們師兄弟後來竟是仇人。

藤原鎌足自幼穎異，好學不倦。他世代簪纓，在朝廷任祭祀官，與皇室極爲接近。由於效忠皇室的緣故，所以對於蘇我的跋扈不臣，總不免忿忿。因此雖然與入鹿同窗，但對他總有距離。有一天在僧旻處兩人同時拜聽周易，入鹿對於他這位師兄十分殷勤，剛好被僧旻看得清楚。課畢僧旻便把藤原鎌足單獨召進房裡，囑咐道：「你將來必成偉器，現在取友要愼重，不可輕易倖進。」僧旻語重心長，藤原也立刻領悟，叩頭受教。果然入鹿英雄識英雄，有意延攬藤原做他的羽翼，舉薦他任錦冠之職。錦冠的位階很高，相當於聖德太子時代的大德小德，現在中華民國政府的簡任三四級官，以布衣而膺選，眞是破格任用。但是他懇辭不就，寧願遠遠地退隱到鄉間，閉門讀書，沒有辜負師命。恰巧皇極女帝的御弟輕太子病腳，也到鄉下去養病，藤原以近在咫尺，就常去覲見。兩人對於蘇我的作風，都深惡痛絕。尤其皇極天皇登基之後，蘇我惡劣的態度更是變本加厲。那時天大旱，禾麥枯槁，設壇求雨，本是天皇的特權，但蘇我竟僭行求雨，在一班老臣的心目中，這不啻是否定了天皇的存在。所幸蘇我雖然求雨，但上天祇默默應酬了幾滴。但是第二月，天皇親自出馬，在南淵河上求雨，居然傾盆而降，總算挽回一些尊嚴。到了皇極元年的十月，東夷首次來朝，朝廷設宴款待，哪知三天後，蘇我也舉行了一次家宴來招待這群貴賓，其隆重與豐盛，遠超過了御宴，搶盡了鏡頭，讓東夷們分不清楚到底誰是君誰是臣。蘇我又為蝦夷、入鹿父子營生壙，大興土木，徵發人工，居然徵發到聖德太子家裡的人，雖然聖德太子的女兒再三抗議，但毫無效果。而最使得皇室難堪的是蘇我蝦夷忽然稱病不朝，把大臣職位讓給了兒子入鹿，入鹿也就昂然戴起紫冠，堂堂皇皇入朝議事了。本來大臣也差不多是世襲，但是象徵性的任命儀式，是由天皇親授。這次蘇我居然藐視了傳統的禮典，私相授受父子相傳了。懦弱的女帝，雖然忍氣吞聲不敢指摘，但是凡有血性的臣民個個都氣憤填膺，藤原更是恨得牙癢。

入鹿就了大臣位之後，就更不客氣。他認為山背王子總是覬覦皇位的人，是眼中釘，非除之而後快。他無緣無故點起兵將去圍攻山背王子的斑鳩宮，山背王子出其不意，毫無準備，但手下兵尉都是受過聖德感召的人，忠心耿耿效死勿去，勇猛戰鬥，不肯背棄他們在危難中的主子，居然也斬將搴旗，殺得個平手。但是宮殿究竟不是堡壘，無從防守，尤其寡不敵眾，如何擋得住如海潮般來的敵兵，有人力勸山背王子趕快單騎突圍，出走東國，到了自己的領域內，舉兵再起決一雌雄。但是山背王子不肯，慨然長歎道：「寡人不德，無以對先人，怎麼能再去連累那許多無辜百姓呢！」他集合了自己的妻子，全家自盡了。蘇我入鹿還不甘心，放起火來，把聖德太子精心建造的斑鳩宮和斑鳩寺，一古腦兒燒得精光。入鹿是幹得痛快，但民心大憤，聖德太子那樣的仁慈聖明，遺愛在世，竟使他的後人獲得這樣悲慘的下場，誰能不泫然淚垂呢？而在一班志士的心中更是哀痛，與入鹿誓不兩立，其中入鹿的同窗藤原鎌足就是最激烈的一個。入鹿的父親蘇我蝦夷得訊後，也嚇得面如土色說道：「糟了，報應循環，我將不知死所矣！」

天皇的御弟輕太子雖然和藤原是摯友，但這位御弟和他姊姊的性格差不多，穩健謙抑有餘，智勇果斷則不足。他懾於入鹿的淫威，不敢出氣，祗有暗自著急，深怕禍從天降。他的外甥，女帝的長子中大兄，這時也已十八歲，氣宇非凡，胸懷大志，也很有見解。一天來探望舅舅的病，舅舅就把他介紹給藤原。兩人一見，有如磁電一般一拍即合，十分投機，從此藤原鎌足就成了中大兄的姜太公、諸葛亮，師傅兼謀士了。藤原對付入鹿的謀略，首先離間入鹿和他自己族人間的感情，力勸中大兄去籠絡入鹿的堂兄蘇我石川，藉此以孤立入鹿，另一方面也容易窺伺到入鹿的行動。石川是個老實人，對他這位堂弟的行爲也深不以爲然，又見中大兄年少英俊皇胤貴冑，竟把自己的愛女嫁給了他，從此中大兄也成爲入鹿的姪婿，加深了一層掩護。

藤原第二步工作，就是訪交勇武忠義、奇才異能之士，紛紛地把他們組織起來，聽命於中大兄，他自己則退居幕後以免入鹿起疑。他和中大兄也難得見上一面，偶爾兩人踢球，乘機互相交換暗語，或者到當時儒學宗師南淵家裡去聽講，歸途上密議。

他們這樣布置了一年有餘，而入鹿也有入鹿的準備。他在飛鳥川旁的高崗上，建造了一所新居取名甘檮岡，依山面水，不但可以俯瞰到皇宮裡的一切動靜，並且把它建造得同山寨一樣，不但可以駐屯軍馬，並且築有幾道木柵，糧倉、兵庫、水槽無一不備，確是一個可攻可守的好所在。工程完畢之後，入鹿得意非凡，顧盼自雄地說道：「我有此據點，還怕什麼！」又揚鞭遙指著眼皮底下的朝廷殿堂，「祇要那婆子一死，古人表弟做了天皇，我要怎麼幹，就怎麼幹了。」他自滿，他忘形，他的死期也在眼前了。

到了皇極四年，高句麗、新羅、百濟三韓會同入貢，這是稀有的大事。身為大臣的入鹿，當然不能不親自接待貢使。六月十二日，皇極天皇升太極殿，古人皇子以皇太子身分，在旁侍立。不一刻大臣入鹿也昂然入座。平時他總是帶劍上殿，這天藤原鎌足買通了殿前的滑稽小丑，乘入鹿不注意的時候把他的佩劍偷走了。中大兄這時以安全為名，矯詔把所有的宮門都關閉了起來，自己提了支長槍，藤原拿了弓矢，都躲在殿柱之後，另外在殿旁，埋伏了兩名勇士，相約以蘇我石川讀三韓的上表文為信號，一起出來行刺入鹿。但是蘇我石川讀完了上表文，不見有人出來，他以為事敗，慌了手腳，渾身顫抖，汗出如漿，入鹿見狀厲聲喝道：「你怎麼抖成這副樣子？」這時，中大兄奮起，挺槍直取入鹿的咽喉，兩面的伏兵也同時趕到，一陣亂砍，霎時入鹿倒入血泊中而亡。天皇見狀嚇得目瞪口呆，侍立在旁的古人王子也驚慌得渾身戰慄。中大兄見入鹿已死，於是跪稟他母后道：「入鹿犯上，圖謀不軌，罪當死。」皇極女帝也無可奈何。古人王子趕快躲進自己家裡，不敢露面。所有的公卿大夫、地方豪族也都聽命於中大兄。入鹿雖死，但是入鹿的父親蘇我蝦夷盤踞在甘檮岡，據關頑抗。事不宜遲，中大兄馬上興兵占據了法興寺，和甘橿岡遙遙對峙，然後把入鹿的心腹將領先招降了過來，再利用降將去遊說蝦夷麾下的部屬，個個放下武器倒向這邊來了。蘇我蝦夷看到大勢已去，放火把一切珍寶丈冊都燒光，然後跳入火窟自焚而死。果報不爽，蝦夷算得有先見之明了。

皇極天皇經過這次打擊，無心再留戀皇位，刻意禪讓中大兄。但是藤原獻策中大兄，此時不宜躁進，滿招損，謙受益，應該退讓。於是公推由御弟輕太子承襲大統，是爲孝德天皇，冊中大兄爲皇太子，古人皇子也無顏見人，在法興寺落髮爲僧了。

這次政變的主謀是藤原鎌足，功第一。本來應該由他任宰相，但他再三不肯，屈居了內臣之職，位在左右大臣之下。他因此而更容易推行各種改革計畫，首先他仿唐制把日本以往的朝廷組織改變了，以後再不用大連等名稱。第二取年號，以往日本君王僅有謚法，現在他爲孝德天皇訂年號曰「大化」。第三在行政上，取消豪族的封建割據，取普天之下莫非王土的精神，劃全國土地爲國爲郡，國設國司，郡設郡司，都由天皇指派。第四整理戶籍，再根據戶籍來授田。第五制訂了租、調、庸的辦法，人民納稅服役的義務有了明白規定，不再妄事徵發。以上雖然是忠實地抄襲了唐制，但在日本是新政，這就是日本歷史上有名的「大化革新」了。

另外一項設施，是下令薄葬。日本舊來風俗，喜歡高塚寬壙，每位天皇的墳墓都堆得隆隆如山丘，殉葬除了活人之外，還有珍奇劍寶。上有好者，下必甚焉，宗室、豪族也競相造墳，有的年紀輕輕已經親自去度工營建他自己的墳墓，到處徵發民夫，弄得舉國惶惶。那時日本的財富，幾乎全消耗在死人身上。這一道命令居然把幾百年的惡習扭轉過來，自從大化革新以後，日本皇室的高塚絕跡了。

總之大化革新以後，日本脫離了部落社會，進入一個有組織的國家體系。這是一批由中國回來的留學生之所賜，藤原鐮足得到中大兄的信任，言聽計從的結果。

但是國家推行新政，必然有舊勢力出來阻撓，中外一例。各地豪族，尤其蘇我家的殘餘，對於新政非常不自在，俟機蠢動。那位做了和尚的古人皇子，原是蘇我家的外甥，偷偷被人接到吉野去之後，便舉旗反叛了。但他哪裡是中大兄的敵手，一戰全隳，喪了頭顱。古人雖死，新朝廷仍不能自安，中心隱憂總是蘇我這一族。古人之變後五年，輪到蘇我石川的頭上來了。蘇我石川是中大兄的丈人，雖然是入鹿的堂兄，但是政變的功臣，以內應之功封爲右大臣，現在是蘇我族的領袖。他自以爲是皇親國戚有功於國家，應該永享榮華富貴。不料他自己的親兄弟蘇我日向到中大兄那裡告了他一狀，說他計畫乘皇太子中大兄到海邊遊覽的時候，派人行刺。中大兄得訊後便稟陳了孝德天皇，天皇立刻遣使者面責石川，石川大驚，要求在御案前和舉發的人來對質。朝廷傳旨不許，御林軍反而把石川家團團圍住。但居然被他逃到他兒子所修建的山日寺裡，他兒子準備在附近山丘之旁，擺下陣勢決一死戰，但是石川阻止了他，黯然說道：「我出賣了入鹿，早就該死。」帶了他妻兒老小八個人，在佛殿裡集體自殺了。第二天他的侍從妾僕多人也都自殺殉死。當晚御林軍才趕到又捕殺了很多人。蘇我家的勢力經此一役凋零殆盡了。石川的女兒，中大兄的妃子傷心已極，也嘔血而死。這時中大兄二十五歲，驟喪嬌妻也不勝哀悼。政治是殘忍的，爲維護政權，以莫須有之罪殺了自己丈人全家。

經過這次大禍以後，中大兄寢食不安。人類做錯了事，總怪別人，不肯自我檢討，怪不到別人時，便怪天怪地，中大兄這時怪地不靈了。自從奠都難波以來，總是一連串的不吉，他決心遷回到飛鳥川大和故地。孝德天皇向來沒有主見，唯他的主張是從，哪知這次回絕了他的要求。天皇是有理由的，難波的宮室剛剛稍具規模，交通也很方便，何必又勞師動眾地搬回山中。並且大和情形也安定，並不需要去坐鎮。但是年少氣盛的中大兄碰不得釘子，登時大怒說：「好，你不去就一個人留在這裡吧！」他眞的不顧一切帶同母親皇極上皇，兄弟大海人王子以及公卿百官一干人馬，搬回大和去了。最奇怪的是，皇后間人也丢下了丈夫，跟著哥哥去了。

孝德天皇的元配本爲阿倍，生有一子取名有間，不幸阿倍早亡。皇極女帝因爲可憐弟弟無人照應，把自己的女兒間人配了給他。這時孝德天皇已年逾五十，並且身體一向多病，老夫少妻，難得圓滿。偏偏中大兄也賦了悼亡，妹妹不免要來安慰一番，相憐相倚，很自然地他們兄妹之間又重蹈了日本皇室常有的覆轍，深深戀愛起來。自然寧可拋棄糟老頭子，而去跟住難分難捨的哥哥。孝德十分悲傷，他以馬爲喻吟歌一首，大意如下：

為汝營美廄，為製金絡頭；
吁嗟吾愛駒，一朝隨人走！

這「人」，當然是中大兄。孝德孤苦伶仃守在宮殿裡，不久舊病復發，第二年便抑鬱而終。臨死時，祇有他元配所生有間皇子一人在側。

孝德死後，理應由皇太子中大兄繼位了。但是中大兄因為兄妹戀愛的關係，不能把老皇的皇后來冊立為自己的皇后，所以再請三請地又把母后搬了出來任天皇。六十二歲的老太太了，任由兒子女兒怎樣擺布吧。於是日本歷史上又開創了新花樣，名為天皇重祚。重祚者重登大寶之謂也。但不再恢復皇極的舊稱，改為齊明天皇，由她退位到她再即位，剛好十年。

心中憤憤不平的是孝德天皇的獨子有間皇子。他恨透了中大兄，奪了他的繼母，氣死了他的父親，現在又剝奪了他的承繼權。於是假裝瘋狂，到牟婁海岸溫泉地帶去養病。在那裡他聽到了許多閒言閒語，都是對新政的怨言。他誤以為人民已經厭惡了朝廷，引起他謀反之心，居鄉三年，結交了些地痞流氓之後，又回到都城，冷眼籌畫起事。翌年中大兄得力助手右大臣德太病死，朝廷空虛。同時東夷作亂，中大兄忙著調兵遣將去征討東夷。有間皇子正自慶幸機會將至的時候，忽然一天蘇我赤兄來訪。蘇我赤兄也是蘇我石川的胞弟，石川冤冤枉枉全家慘死之後，殘餘的蘇我族始終戰戰兢兢，是大家周知的事實，赤兄不會是中大兄的黨羽。所以有間就放心和他交談，談話的中心，很快就轉到朝政上去。赤兄竟毫無忌憚地批評起來，他說：「現在眞糟，民不聊生，民怨沸騰了。第一不該亂起倉庫，耗費民資。第二不該挖掘溝渠，浪費公帑。第三不該用船運石，積壙成山……」有間聽得心花怒放，拍案叫道：「現在眞到了興兵起義的時候了！」相約在五天之後再到赤兄家裡去計議。那時天皇和皇太子都在海邊溫泉度假，都中無人，是陰謀反叛的好機會。到了約定的日子，有間帶同了他自己的心腹，以前在牟婁海岸所結交的漁民頭目，來到赤兄的府邸，有小樓一角，他們就登樓密議，不虞有任何人來竊聽。有間的計畫倒也周密，他預備動員漁民五百人直襲天皇皇太子的行宮，用漁船把所有的海口封鎖起來，而由蘇我赤兄在都內宮中放起火來。他說完哈哈大笑：「這樣天皇和中大兄都成了甕中之鱉了！」正說得高興，忽然靠几折斷了腿，大家都一驚，這次會議就此匆匆結束。

有間回到家裡，安然就寢。赤兄卻忙了一整夜，他一方面調遣營建宮殿的工匠，埋伏在有間的四周，一面火速地把有間謀反的事實報告給中大兄，原來他是中大兄最親信的特工頭子。

有間和他的黨羽才眞像甕中之鱉，被中大兄一個個捉牢，押到牟婁海岸的溫泉去審問。路途雖然不遠，但鐵鎖鋃鐺步行而去，需要在中途的小村裡住宿一宵。這小村名叫磐代，地方極其幽美，眞是風景如畫，尤其碧海青松相映，岸邊小廟隱藏在松林之內，風趣無窮，有間喟然長歎，吟歌道：

蒼松何矯健，枝葉相虯蟠；
歸來幸再見，此行如能還。

又對小廟的菩薩求道：

在家飯滿笥，在旅敬葉椎；
佑我留此命，憐我實無辜。

一個年未二十歲的小夥子，闖下了滔天大禍，臨死前，盼望奇蹟出現，留他一命，讀來令人心酸。但是菩薩無靈，終於難逃一死，他和他的同謀同時斬首了。

白村江之戰與壬申之亂

歷史上，中日之間第一次的戰爭，是在西曆六六三年，起因如下：

在第七世紀中葉，朝鮮半島有三個國家，鼎足而立，百濟、高麗和新羅，互爭雄長，而新羅是最被欺侮的一個。《通鑑紀事本末．唐平遼東》一章裡記道：

高宗永徽六年，高麗與百濟靺鞨，連兵侵新羅北境，取三十三城，新羅王春秋遣使求援。

於是唐高宗就開始對高麗、百濟用兵了。《舊唐書》裡寫道：

五年（顯慶）三月辛亥，發神丘道軍伐百濟……八月庚辰蘇定方等討平百濟，面縛其王扶餘義慈……十一月戊戌朔，邢國公蘇定方獻百濟王扶餘義慈太子隆等五十八人，俘於則天門，責而宥之。

在〈蘇定方列傳〉裡，《舊唐書》更寫得生動：

顯慶五年，（定方）從幸太原，制授熊津道大總管（《新唐書》作神丘道大總管），率師討百濟。定方自城（《通鑑紀事本末》作成）山濟海至熊津江口，賊屯兵據江，定方升東岸，乘山而陣，與之大戰，揚帆蓋海相續而至，賊師敗績，死者數千人，自餘奔散。遇潮且上，連舳入江，定方於岸上擁陣，水陸齊進，飛楫鼓譟，直趣眞都，去城二十許里，賊傾國來拒，大戰，破之，殺虜萬餘人，追奔入郭，其王義慈及太子隆奔於北境，定方進圍其城，義慈次子泰自立爲王。嫡孫文思曰：「王與太子雖並出城而身見在，叔總兵馬即擅爲王，假令漢兵退，我父子當不全矣。」遂率其左右，投城而下，百姓從之，泰不能止。定方命卒登城建幟，於是泰開門頓顙。其大將禰植又將義慈來降，太子隆並與諸城主皆同送款，百濟悉平。

百濟之戰，雖然暫時告一段落，但是並未能眞正的「悉平」。百濟都城泗沘陷落之後，情況非常淒慘，到處斷井頹垣殘破不堪。蘇定方奉詔凱旋，帶了重要的俘虜領軍歸國，留下了郎將劉仁願守泗沘，並以左衛中郎將王文度任熊津都督，撫納殘黨，總共兵力不足萬人。王文度沒有能達成使命，病死了，祇剩下了劉仁願孤懸異域，坐鎮荒城，這當然給百濟一個復國的機會。百濟的故將鬼室福信，一肚子的鬼主意，會同了百濟的和尚，《唐書》裡作「浮屠道琛」，《日本書紀》裡作「僧覺從」，組織了起來，聚眾占據了周留城，並且不斷偷襲劉仁願的部隊，居然打起游擊戰，也被他們討到了若干便宜。他們於是遣使日本。百濟和日本之間，本來早有關係。日本佛教文化，大都傳自百濟，日本的飛鳥川的一個支流取名百濟川，百濟川邊有百濟寺，百濟寺旁有百濟村，專門安置由百濟來的技工，而百濟的王子豐璋，那時方在日本為人質。鬼室福信遣使獻上了虜來的百名中國俘虜，同時要求把豐璋由日本接回去，擁立為王，並且請日本出兵相助。

當年的日本，皇太子中大兄掌政，母親是他擁戴出來的齊明天皇，已經六十餘歲的老太太。他計取了政敵有間皇子之後，更紅得發紫，為所欲為。一方面他運氣也好，所派遣的部將阿倍比羅夫，東征北討，所向必克，自以為武力強大，可以西向開疆拓土了。並且對任那府的橋頭堡，始終未能忘懷，現在乘百濟來乞援，正是規復的絕好藉口，又以為唐兵好惹，連鬼室福信都能捉到百十個來，日本大軍一去必然可以殺得痛快。廟議的時候，那些武將都摩拳擦掌個個躍躍欲試，很快決定了，毅然慨諾做豐璋的後盾，加入了這一次的國際戰爭。

鬼室福信更是高興，他索性引兵圍劉仁願於府城了。唐高宗聞警，於是「詔起劉仁軌檢校帶方州刺史，將王文度之眾」，來救仁願。劉仁軌是個文武雙全的將才，曾經因爲督糧，而糧船翻了，受了處分，倒過一陣子楣。這時東山再起，他果然連戰皆捷，福信不得已釋了圍，兩劉匯聚之後，雖然膽壯了很多，但究竟兵少，不能採取攻勢，暫時僵持，密雲不雨，等待大風暴的來臨。

日本廟議既定，中大兄開始動員，他計畫得十分周密，有藤原鐮足相佐，做得非常徹底，首先請他母后齊明天皇御駕親征，以增加聲勢，調遣了全國各路軍馬，集中了所有大小船隻，浩浩蕩蕩地兵發難波，直驅筑紫。在御船上，除了天皇之外，皇太子中大兄、皇子大海人、眾妃嬪、宮人、侍從、巫女，一起都出征。巫女一路上禱告神祇，祛禍降福，各種儀式舉行得好不熱鬧，眞是使盡了吃奶的勁，以博取這次的勝利。但是大概巫女不夠虔誠，福未降而禍亦未祛，神未到，鬼反先來，這次出師不但不利，幾乎招致了大難，中大兄的命運從此逆轉了。齊明天皇已是六十八歲的老婆婆，禁不起舟車的勞頓和對戰爭的恐怖，早就奄奄一息。況且那時的旅行，受了大軍的拖累，一切都是牛步化。正月初六由難波解纜西征，穿過一平如鏡的瀨戶內海，到達福岡，駐紮在朝倉山下的行宮時，竟是五月了。南方天氣已經很熱，不幸的是瘟疫也跟著大軍凶猛而來，營中不斷有人死亡，終於老天皇也感染上了，一交七月便薨於行轅了。據說朝倉山上本來就有鬼，專攝天皇的靈魂，古時仲哀天皇就是被這大鬼吃了，這時碰巧齊明又死，軍心震恐，認爲是鬼來作祟，謠言四起，嚇得皇太子中大兄不敢即位。但是出征的大事已如箭在弦，不得不發，祇好暫時稱制，硬著頭皮，繼續指揮下去。他最大的任務是把各處調來的兵勇，再加以訓練，然後一批一批、一船一船地冒著對馬海峽的大風浪，送到對岸去。除了兵員之外，糧秣武器也都不能缺，據紀錄，隨軍前去的第一批箭，就有十萬支。先鋒部隊，前軍五千人護送了百濟王子豐璋到了鬼室福信的據點周留城。百濟的氣勢大振，然後中軍和後軍也都陸續渡海，總數三萬二千人殺奔百濟，後將軍的阿倍比羅夫，就是所向無敵，日本第一勇將，這是空前第一次的大規模動員。

在這當口，唐高宗也詔孫仁師去馳援，日本方面的記載孫仁師增援的軍隊是七千人。連同原有的駐軍約有兩萬之眾。

兩方面軍力，唐軍略遜於日本，於是決戰開始，史稱白江口之戰，日本則稱爲白村江之戰，《通鑑紀事本末》記道：

> 龍朔三年九月戊午，熊津道行軍總管右威衛將軍孫仁師等，破百濟餘眾及倭兵於白江，拔其周留城。初，劉仁願、劉仁軌既克眞峴城，詔孫仁師將兵浮海助之，百濟王豐南引倭人以拒唐兵，仁師與仁願、仁軌合，軍勢大振，諸將以加林城水陸之衝，欲先攻之，仁軌曰，加林險固，急攻則傷士卒，緩之則曠日持久，周留城虜之巢穴，群凶所聚，除惡務本，宜先攻之，若克周留，諸城自下。於是仁師、仁願與新羅王法敏將陸軍以進，仁軌與別將杜爽、扶餘隆將水軍及糧船自熊津入白江以會陸軍，同趨周留城，遇倭兵於白江口，四戰皆捷，焚其舟四百艘，煙炎灼天，海水皆赤，

百濟王豐脱身奔高麗，王子忠勝、忠志等帥眾降。

朝鮮方面的史料說：當時的「倭船」有「千艘」，而唐的水軍祇有百七十艘，《日本書紀》上對於唐水軍數的記載也相同，據《日本書紀》追述當時的情形大致如下：「唐水軍百七十艘八月十七日列白江口周留城下，日本水師後十日到，翌日八月二十八日，日本水師捨身突入唐陣，唐軍從容左右迎擊，縱火焚日船」，《日本書紀》最後寫道：「須臾，官軍敗續，赴水溺死者甚眾，艫舳不得迴旋。」日本三萬多人完了。《舊唐書》的〈劉仁軌列傳〉裡，白江戰的最後一段有：「僞王子扶餘忠勝、忠志等率士女及『倭眾』併耽羅國使一時並降。」時爲唐龍朔三年，日本天智二年，西曆六六三年。

準備了三年多的大軍，在兩天之內全部「沙蟹」。日本皇太子稱制攝政的中大兄，這時眞是走投無路，祇好趕緊退回到難波，國內群心惶惶，兵敗將亡還不算，最怕的是唐兵會不會乘勝追擊，而日本國內已無一兵一卒，各地的豪族也都怨聲載道，紛紛要和中大兄算帳，中大兄爲了權宜之計，祇好把政權略略讓開，那時左大臣出缺，於是就由皇太弟大海人來代領其事，分擔了朝廷大政的責任。原因是大海人的人緣比較好，很有些安撫作用，他兄弟二人本來感情很厚，中大兄所生的長女次女十三四歲時，都配給了弟弟爲妃，近親結婚，在日本皇室裡原是常有，兄弟又是翁婿，關係格外密切，而況那時中大兄雖然已有妃嬪五六人，但所生的都是女多男少，很顯然的大海人也將以弟繼兄，成爲皇位第一承繼人。二人同心，其利斷金，果然，這一危亡局面，由他兄弟二人苦撐，安穩度過了。

但是另外卻發生了一件意外事件。桃色糾紛，變生肘腋。日本文學作品《萬葉集》，彙集了日本諸名家的詩歌，至今傳誦不絕，其中有位女作家，額田姬，她所作的長歌三首短歌十首，最膾炙人口。據考她是個妖艷絕倫的女巫，開始在宮廷裡侍奉時，才得十幾歲，她很早就和大海人皇子秘密發生了關係，還生下了一個女兒，但是女巫不能結婚，大海人沒有敢硬把她納入後宮。在百濟戰役的時候，因爲女巫職位的緣故，也隨軍出征，在漫長的旅途中，她又和皇太子中大兄墮入了情網，但是這一三角戀愛沒有揭穿，祇有額田姬心裡明白，中大兄、大海人兄弟始終蒙在鼓裡，尤其在軍書旁午中，他兄弟二人也都無暇來眷顧這位多才多藝的佳人。她曾經吟歌道：

空閨簾動疑君至；

只是秋風不是人！

這種欲明又暗的關係，維持了好幾年，到了天智七年明朗化了。天智七年正月，中大兄正式即天皇位爲天智天皇，額田姬雖然名不在眾妃嬪之列，但屬於天皇的禁臠已是很明顯了。五月五日，天皇率領了皇太弟大海人，以及諸王眾臣到蒲生之野去狩獵，額田姬也參與盛會，大海人遠遠望見了額田姬，連連揮舞他的長袖，要她注意，她立刻吟歌一首遣人遞過去，歌曰：

躍馬紫野，
馳驅標野，
耳目衆多兮，
君毋振袖！

過去的一段恩愛，現在結束了，妾身已邀天寵，請您別再轉念頭了！等於是一封絕交書，大海人焉得不妒火中燒，於是在獵後的宴會席上，吃得大醉，奪取了衛士的長槍，大發酒瘋，就在御座前，把地板刺了一個大窟窿，這一嚴重的失儀，天皇當然不能忍，按律當斬，藤原鐮足再三苦求，算是赦免了。但是從此裂痕深在，再也合不起來了。

天智八年，藤原鐮足病逝，兄弟二人之間再沒有人敢來斡旋拉攏，兩方面的感情，於是越離越遠。天智天皇本來子少女多，並且男孩常常不育，按日本舊來慣例，繼承皇位的人，母親的出身最關重要，儘管是長子，但是媽媽若是個鄉下大姑娘，而非貴冑小姐的話，就不能做皇太子，偏偏天智天皇正宮皇后以及貴族出身的妃嬪沒有一個有男孩兒，祇有一個宮女，名喚宅子娘的，替天智生下了一個白胖小子，取名大友皇子。長大之後，更是又帥又棒，《懷風藻》裡描寫這位皇子的風貌，寫道：

魁岸奇偉，風範弘深，眼流精耀，顧盼煒燁。

唐朝的來使劉德高看見了他，驚道：

此子，風骨不似世間人，非其國所應有也。

一般人都認爲「皇子博學多通，文武兼資」。他留下了漢詩兩首，載在《懷風藻》裡，可以看得出他的功力，其中一首——〈侍宴〉：

皇明日月光。
帝德天地載，
萬國臣義表，
三才並泰昌。

這首詩雖然沒有什麼了不起，但學得很像，用詞得體，氣宇也夠恢宏，確已不易，要想我們二十一二歲的大學生，要能作得出一首像莎士比亞的英文詩來，恐怕我們會把他捧上天！何況是自己的兒子，天智天皇哪有不歡喜得渾身發癢呢！

在天智的心目中，大海人御弟和自己的兒子大友比較，當然大海人遠不如了，何況大海人瘋瘋癲癲居然當眾出醜，吃起醋來，不但風度不夠，並且洩了底牌，於是決定要大海人難堪，讓他知難而退。就在天智十年正月，他封大友皇子為太政大臣，位在左右大臣之上。那時大友皇子年甫弱冠，二十歲的孩子位為首相，置叔叔大海人於何地，大海人心裡當然有數。

天智十年，西曆六七一年，剛好離現在一千三百年前的八月，天智天皇病了。纏綿病榻一直不好，到了十月他自知不起，遣使把皇太弟大海人喚了來，說道：「朕已病危，以後國事由你來主持。」話雖然說得好，但實際上是要他表明態度，大海人也是個聰明人，馬上婉轉辭道：「皇位請您讓給皇后，政務交給大友皇子，我將為皇上的康健而禮佛，從此捨身出家修行。」他這番話深得帝心，天智大悅：「你既然決心出家，那就請趕快。」不由分說，叫人來就在御榻之前，令大海人削髮為僧了。當天回去，大海人便把家藏武器全部提供了出來，納之官府，示無二心。在家住宿一宵，翌日一早，便離開了都城，帶了少數隨從，往吉野山裡去了。當時的有識之士歎道：「這等於放虎歸山了。」

大海人去後，天智的病情並沒有好轉，到了十一月二十三日，天智把大友皇子以及朝廷的重臣、自己的心腹蘇我赤兄等共六人叫了來，宣他們到大內西殿佛像前跪拜，然後命他們共同宣誓：「戮力同心，共輔幼主。」到了二十九日，他還不放心，再把這六個人找了來，就在他病床之前，又宣一次誓。捱到了十二月三日，天寒地凍當中，天智終於敵不過病魔，溘然長逝了。遺詔由大友皇子繼位，他得年四十六歲。

第二年，逢壬申之歲，大友皇子的第一件大事便是大興土木為天智起墳墓，但是每一名伕子都給了他們武器，風聲一傳，使得藏在吉野山中的大海人皇子萬分恐慌，很顯然地大友是以營造陵寢為名，而另有企圖，最可能是出其不意來襲殺自己，怎麼能夠等著挨打呢！他迅速帶了家小，日夜兼行逃到自己的領地裡去，然後派人四處聯絡，號召他的舊部屬老關係，起兵反了。他師法漢高祖，尚赤，衣襟、頭盔都纏上了紅布，旗幟也鮮紅，以別於大友的官軍。壬申七月二日，他開始進擊，大友的軍隊雖然也竭力抵抗，但是叛軍凶猛，祇有節節敗退。到了七月二十二日，兩軍在都城大津城外的盆地對峙，《日本書紀》記這一戰役的情形：

旗幟蔽野，塵埃連天，鉦鼓之聲，達數十里，列弩齊發，箭如雨下。

結果大友的官軍敗績，大津失守，登時大火，天智天皇一生心血悉付灰燼，他最疼愛最放心不下的大友皇子，這時在山前樹上上吊而死。古今中外亡國之君的下場大致相同，恰好一千年後，大明天子崇禎皇帝也自縊於煤山。成則為王，敗則為寇，大友死後，他狠心的叔叔大海人根本否定了他的存在，大海人的手段之辣，與今日的共匪如出一轍，在日本歷史上不記載大友其人，直到明治時代，才考證了出來，追封這位可憐蟲為弘文天皇。他的妃子更可憐，十市皇女原是大海人的親生女兒，而她的媽媽又是誰？不是別人，就是那千古留名絕色天香的才女額田姬！大友殉國，大海人把女兒收留回宮，要為她另外擇配，就在出閣前夕，她也自殺殉夫了，芳齡僅得十八歲。

至於天智託孤的五大臣，一斬一赦三充軍，充軍的三人裡面有那曾經出賣過有間皇子的蘇我赤兄，出賣人的人總也不會有好下場。史稱這次內戰爲壬申之亂。

唐風風靡日本

世界上公認日本民族是善於模仿的民族。不管是打火機也好，照相機也好，都能仿得眞、學得像。有時比原來東西還巧些。他們不但對品物模仿，連風俗習慣也一樣模仿。人家吃西餐，他們也吃西餐。人家穿禮服戴高帽子，他們也穿禮服戴高帽子。人家打麻將，他們也打麻將。人家的女孩子穿熱褲，他們的女孩子也穿熱褲。人家裸體往街上走，他們更徹底一點，裸體上教堂去行結婚禮。人家不道德，他們就更不道德。人家出賣盟友，他們會出賣得更徹底些。

唐朝初期中國和日本的關係越來越深了。中大兄皇子雖然在朝鮮白村江之戰，被我唐兵以寡擊眾，三萬精銳打得落花流水潰不成軍，但他和他的心腹大臣藤原鎌足卻不敢懷恨，反過來自知差勁，加緊地來學習了。他們派出去一批批的遣唐使和留學生到中國去吸收中國文化，這批人知道使命的重大也虛心肯學。那時行旅還方便，祇要能渡過對馬海峽，便有中國駐軍接應一直陸路送到長安。可是到唐軍撤退後，新羅統一了朝鮮，這條捷徑便被截斷了。日本遣唐的船隻便不能不繞道而行，必須橫渡大海，在蘇、揚登陸。這條路不但遠，也險。中國海的風浪來得很大，不是遭逢海難船破人溺，便是被吹到南洋去，因此變成一個充滿了未知數的甘冒生死的旅行。但是爲了文化交流，兩國之間的志士仍能往來不息。

其中最值得大書特書的，是由中國到日本去的鑑眞上人。鑑眞是揚州人，俗姓淳于。在唐朝，揚州是重要的港口，一切得風氣之先，出海遠揚使人無限憧憬。鑑眞十四歲就出了家，二十一歲時登壇受了具足戒。他專修戒律，在揚州開座講授，前後把《大律》及《大疏》講了四十遍，《律鈔》七十遍，《輕重儀》十遍，《鍚磨疏》十遍。他精通三學三乘，窮究眞理。除此之外，還建造了很多寺院、佛像，並開設了無遮大會，救濟貧病，親自抄寫的佛經共三萬三千餘卷，是一位飽學虔誠德行很高的高僧，四十餘歲時已名滿大江南北。日本慕名特別派遣了興福寺的兩位和尚榮叡、普照渡唐，敕令他們先去留學，學成之後再邀鑑眞到日本來傳授戒律。榮叡、普照奉敕行事，他們苦修了十年之後，才敢去見鑑眞，報告來意，鑑眞答道：

「以前就聽說南嶽的思禪師，轉世到了倭國爲王子，興隆佛法普度眾生，最近又由貴國長屋王送來袈裟千頂，在緣邊有詩，詞曰：

山川雖異域，
風月仍同天，
以此寄佛子，
來共結善緣。

老僧情願到貴地去結這份善緣。」

他毅然接受了邀請。但是糾眾東渡並不是一件簡單事。租賃一條肯冒險的船已經不易，船大人少也不能起航。他第一次想與朝鮮的僧人共同組織團體，結伴同行。但是到了出發前，朝鮮僧人忽然刁難起來，諸多勒索，祇有作罷。第二次他鑑於外國人不好惹，聯合了各行業的信徒一百八十五人。其中有畫家、雕刻家、玻璃工人、刺繡工、碑石工等美術工藝人，並且帶同了得意弟子祥彥、法進、思託等都是當時已有名望的後起之秀一同起航東指。不料遇到了大風，還未出海船已翻了。鑑眞幾乎淹死，多少經典、佛像、佛具都漂失了。大量的食品、藥材、香料等也都沉入海底。這次計畫又失敗了。但是他東渡弘揚佛法的癡念並未爲之打消。他想由陸路南下到福州之後，再乘船北上。那時出入境也已經有了限制，到處更免不了有小人進讒。不管是多麼清高的高僧，在人地生疏的福建，他不過是個老頭陀，一紙小報告加上了莫須有之罪，官廳便禁止了他的行動。預備同行的日本和尚榮叡，還鋃鐺地下了獄。這次的計畫又告失敗了。到了唐玄宗天寶七年，鑑眞六十一歲，他再度偷渡，出海之後海上現出了蜃氣，舟子把方向弄糊塗，又遇到了颱風，一路往南吹，經過十四天後忽然看到了陸地，卻是海南島的南端振州。祇好登陸起旱，穿過瓊州、雷州等瘴癘之地時，每個人都得了病，得意弟子祥彥和日本僧人榮叡都不堪其苦，捱到了端州病死了。鑑眞受了瘴氣，迢迢旱路雖然回到了揚州，但從此視力模糊，兩年以後竟為之失明。他雖然瞎了眼，但是此志彌堅。一直邀請他東渡日本的另外一位日本僧人普照，這時反而洩了氣，到阿育王寺裡去修行了。一直到了天寶十二年楊國忠當政為宰相。楊國忠是個標準的貪官，死命地要錢，肯要錢就好辦，一切法令限制自然大大鬆弛了。鑑眞這才搭乘了要歸國去的遣唐大使藤原清河的副船一起出帆。誰知出到大海又遇狂風。藤原清河所乘的船一直吹到了越南，而鑑眞所搭的副船，居然僥倖吹到了日本。有志者事竟成，總算皇天不負苦心人。五次失敗之後，鑑眞達到目的。這次同行的祇有二十四人，攜帶的東西也比第二次少得多。除了各種經典、三千粒舍利子、精美的佛像外，有王羲之、王獻之父子的眞蹟，現在這些都列為日本的國寶了。

當時日本朝野震動，很受了中國文化的衝擊。尤其鑑眞堅忍不拔的毅力和他淵博的學識，贏得了無限的敬仰，至今崇為人類最高典範。鑑眞不但能熟誦一切經疏，糾正了日本原有各經的錯字，並且他深通醫道，對藥學的知識更是豐富。他也懂得子平之術，據說他曾經為藤原仲麿的女兒算命，說她將來會被千人輪姦，在當時是駭人聞聽的。仲麿位為右大臣，貴極人臣，千金之子，怎麼會有這樣的遭遇。但是後來果然在仲麿叛亂時兵敗被俘，為亂軍所辱。日本皇室對於鑑眞，十分禮遇，尊他為傳燈大法師，在東大寺大佛殿前，築起了戒壇。日本聖武上皇、光明皇后、孝謙天皇，一起都來從鑑眞受了菩薩戒。滿朝文武五百多人跟著也一一受戒，頂禮膜拜，眞是極一時之盛。鑑眞已是將近七十歲的人，卻從來不肯休息。雙目雖盲，但是由於他的記憶力特強，訂正經典的工作始終不懈。又因爲那時日本醫藥知識很幼稚，特地口述很多藥方，以治療百疾。光明皇后久病不癒，由他醫治藥到病除，更增加了人們對他的信心。他的藥方彙集成書，後人取名爲《鑑上人秘方》，一直流傳到今天，壽七十七歲在新建的唐招提寺圓寂，他是中日關係上第一大功臣，日本有漢文化，可以說是鑑眞奠的基。

日本到中國去的遣唐使臣，由西曆六三〇年開始，每隔若干年，就派遣一次，少則二三年，多則二三十年不等。派出去的人，都能精選有學問修養、有儀容的大員。《唐書》上稱讚執節使粟田眞人道：

> 長安元年其王文武立，改元曰大寶，遣朝臣眞人粟田首方物。朝臣眞人者，猶唐尚書也。冠進德冠頂有華蘤四，披紫袍，帛帶。眞人好學能屬文，進止有容，武后宴之麟德殿，授司膳卿。

到唐玄宗時代，玄宗接見了遣唐大使藤原清河後也讚道：「前聞日本國有賢君，今觀其使臣，起居振舞，不類他國，誠禮儀之邦也。」並且命畫工把清河的肖像畫下來，留在殿內。隨使臣詣唐的留學生，每次都是很多人，常常是四條船結伴同行，以便互有照料。遇到大風浪時，也能有個照應。最多的一次人數，竟超過了六百。幾乎等於我們今天每年留學美國之數。不過他們倒不是去集體移民的，衹有很少幾個人留滯在唐朝爲官拜爵，大多數人都仍能冒著覆舟之險歸國，把得來的知識再去傳播或影響他們自己人。彈琵琶的名手有藤原貞敏，醫師有菅原梶成，陰陽風水先生有春苑玉成。平安朝時代，唐風特甚，奈良城宛然已是個小長安了。

在唐朝，是武則天的世紀，五十年間，中國籠罩在她的淫威之下，那是一個非常不平凡的五十年。她能用人也能殺人，多少名臣武將被她驅使，被她侮辱，被她處死。她的私生活尤其糜爛，她和假和尚薛懷義之間一段恩怨，把佛門的清規糟蹋透頂。和張氏兄弟之間的關係，把男性的尊嚴蹂躪得不成體統。她的作風獨具一格，男人恨死，女人崇拜。家喻戶曉，哪個不私下談論她，在中國如此，在日本也如此。

大海人皇子滅了弘文天皇之後，稱帝，號天武。他的妃子就是他的嫡親姪女鸕野皇女，是位陰沉多謀的女性。這時晉封爲皇后，她嫁大海人時衹有十三歲，大海人那時已有了好幾位妃嬪及愛人，其中包括了她的胞姊大田皇女。在群雌爭寵當中，鸕野很懂得如何自處。她的祖母又兼婆婆的齊明天皇，是個不知輕重的老太太，常常頤指氣使，不拿人當人看，但是鸕野也把她伺候得很好。白村江之戰，在人心惶惶之中她生了一個兒子，取名草壁。由於情緒緊張的關係，這孩子生下來便先天不足，資質也差，不像姊姊在半年後生下來的大津皇子那樣。大津身體健壯，長大之後也十分聰明，詩詞歌賦無一不會，又耍得一手好劍，是個文武雙全的優秀青年。姊妹二人爲了爭取丈夫，又爲了袒護兒子，不斷地鉤心鬥角用盡心機。經過了幾年的明爭暗鬥之後，姊姊死了。雖然鬆了口氣，但是天武一直特別鍾愛大津，想立他爲皇太子。鸕野千方百計地阻撓，才打消原意，改立草壁爲皇太子。天武在位十四年，薨。在他病篤時意識到將來必然會禍起蕭牆，命令自己所生不同母的四子和他兩個姪兒，一起到吉野宮裡去宣誓，互助扶持。誓是宣了，但是他瞑目之後果然變生肘腋，大津暗殺皇太子草壁的陰謀暴露了。大津自知罪不容赦，寫下了一首絕命詩：

金烏臨西舍，
鼓聲短命催。
泉路無賓主，
此夕向誰家。

大津王妃，美麗的山邊皇女，聞訊披髮跣足，奔到了囚牢裡，和她的丈夫雙雙自殺而死了。但是草壁皇太子經此一嚇，也宿疾大發不能起床。皇位不能久懸，鸕野皇后這時祇好暫時攝政。但是草壁的病狀，毫無起色，纏綿病榻達兩年有餘，也壽終正寢了。他遺有一子，才幾歲，鸕野皇后不得已，唯有自登寶座了。是爲持統天皇。

這是日本第三任的女帝，差不多在同一時期，唐朝也由武則天正式即位，改國號曰大周。

持統天皇第一件大事，便是遷都。日本累世以來，以難波地方爲發號施令的中心，雜亂無章地營造宮室，無所謂京城。自從聽說隋唐有「都」，有「京」，而「京」、「都」的規模，是方方正正的。洛陽、長安的街道是棋盤型的，怎麼能不羨慕，不禁迫切地想望也有這樣的都市。於是模仿起來，開始規畫。持統是最初在日本實踐都市計畫的人。

她巡幸到了藤原，就原來藤原宮的舊址，加以重劃，採取了中國「九六城」的範本，就是南北三東西二的比例，長方形的樣式來建造新京。她不敢造得太大，南北六里，東西四里，仿魏晉時代的洛陽來規畫，宮殿朝堂都建築得十分堂皇。除此之外，她也學唐制，獎勵百姓種植桑麻五穀，也開始鑄錢，模仿唐朝發行的「開通元寶」，鑄造一種圓形方孔的銅錢，後來一直流行到中國。這樣經過了十年，她的孫子輕太子已長大成人。她先下令輕徭減賦後，禪位於輕太子，自己退居太上皇之位，但是並沒有休息。她專心根據唐律，監製了一套日本律令，冠以年號，就是歷史上有名的《大寶律令》了。

她一生辛苦，《大寶律令》完成之後，不久去世。她是最忠實模仿中國的日本君主。大唐燦爛光明的一面，由她學去了，卻沒有想到還有那醜惡的一面，很快也由她的子孫模仿得有過之而無不及。

輕太子即位，號稱文武天皇，他的祖母持統上皇一直在幕後指導他，所以他也是一位不折不扣地向唐朝看齊的朋友。遣唐執節使粟田眞人，就是在他即位後派出去的。可是天不假年，在他二十五歲的時候疫疾橫行，不幸染病而崩。遺詔請他的母親入繼大統，是爲元明女帝。

元明女帝是奈良時代的第一代天皇。奈良朝總共七十四年，歷經八代天皇。元明、元正、聖武、孝謙、淳仁、稱德、光仁、桓武。其中女人倒占了四代共三十年。而聖武這一代幾乎完全是皇后掌政。淳仁這一代也是上皇孝謙的天下。所以可以說奈良朝是女人世界。

元明天皇即位後，認爲藤原地方規模太小，交通又不便，不是首都應該具備的條件。的確那時的日本已漸漸繁榮了起來。因佛教的關係，大興寺院，各色行業也都發展了起來，藤原實在不夠用。她又興遷都之念，於是選定了奈良地方，索性完全仿照長安模樣，重行建造一個新都，成爲日本政治文化的中心。

她建造奈良，大興土木，耗費鉅萬，集民怨於一身。爲了平息眾怒，她退位讓賢，讓給女兒冰高皇女繼任天皇。那時她的孫子還未成人，冰高是個「沉靜婉孌」的柔弱女性，臨時拉來看看家而已。她幹了八年之後就傳位給姪兒聖武。

聖武自幼多病，由保母橘三千代一手辛苦帶大。這位三千代原來就是聖武父親文武的奶娘，她第一嫁是個普通老百姓，到了宮中任奶娘之後，地位驟然升高，又很得持統天皇的寵信，在朝中居然有了發言權。朝臣裡有位藤原不比等，是藤原鐮足的兒子。因爲父親是先朝元勳的關係，官居大納言之職。他看準了三千代的重要性，於是向她積極進攻。那時三千代初做奶娘，年紀還輕頗有姿色，朝中的貴公子無論如何比鄉巴佬要好得多，她當然也傾心相應，不久便結爲夫婦。由於三千代的介紹，文武天皇娶了藤原不比等的女兒宮子爲后，聖武就是宮子所生。而到聖武爲帝時，三千代又把她和藤原不比等之間所生的女兒光明子介紹給聖武爲妻，藤原不比等現在是兩代天皇的丈人了，他的官位也直線上升，封右大臣之職，貴極人臣。他的計畫完全實現了。

光明子名安信媛，是位有代表性的美女。《大日本史》說她「體貌姝麗，光耀照人」，所以取號爲光明子。她也異常聰慧，寫得一手好字。她所臨的王羲之的樂毅論，現在保存在正倉院裡的，當得起銀鉤鐵畫的評語。她雖非皇族，但是父親藤原不比等權傾朝右，聖武對她也又敬又愛，言無不從，很快地冊立爲后，一切朝政都聽她指揮。那時由唐朝留學歸來的奈良興福寺的和尚玄昉，很得皇室的寵信，太后宮子生了聖武之後，就得了憂鬱症，關起房門來不見人，三十餘年沒有和聖武見過面。但是吃了玄昉的一帖藥之後，居然霍然痊癒。聖武大悅，不斷地有賞賜。皇后光明子也篤信佛法，玄昉便出入宮禁非常自由。於是謠言大興，有的說太后宮子是玄昉的病人也是情人，又有說光明皇后除了與玄昉讀經之外，也和他結了不解緣。倘若說這都是不可信的謠言的話，那麼最使得史家不解的是：藤原不比等的孫子藤原廣嗣忽然向聖武天皇告了一狀，說玄昉強姦了他的太太，藤原廣嗣官居太宰府少貳，手下也有不少兵將，儼然重鎮。他上表文中指摘玄昉：「玄昉私制邪律……流放僧尼……內挾舐糠之心……聚積財寶……釀酒屠肉……身飾香華……愛親女色……」把玄昉就形容得像個酒肉淫僧，他上表後三天，舉兵反，藤原動員了萬餘大軍一路北上，朝野震動。聖武天皇派大將軍大野東人出師征討，一個多月後，御駕親征。藤原雖反，但部屬無心作戰，紛紛投誠，藤原祇得落荒而走，終被捕處死。

玄昉是否是個淫僧，沒有另外的證明，不過光明皇后卻是處處學武則天。她把日本官職名稱改成武后時代的稱呼，一年之中兩度改元，以四個字如「天平感寶」、「天平勝寶」為年號，又仿武則天的鸞台鳳閣，把內閣中樞取名紫微中台。總之，她是個爽朗豁達的女性，她能親自到公共大浴室裡去，為貧病人沐浴。據傳有一個滿體大痲瘋的人也來洗澡，沒有人敢去碰他，光明皇后竟不顧一切親為滌膿去垢。洗完之後那乞丐渾身發光，香氣撲人，倏忽不見了。原來是菩薩的化身。她私生活是否很放浪也是眾說紛紜，不過她和她的夫君聖武之間琴瑟美好，是一對恩愛夫妻。聖武五十六歲死了，光明皇后把她丈夫的遺物一件一件清理清楚，有價值的珍寶玩物以及家具用品藥材，都捐贈給了幾個大寺。四年之後她也去世了。現在奈良法華寺裡有一個觀音像，據說面形是以她為模特兒的。

光明皇后是否是個蕩婦，尚待存疑，不過她的女兒就真的是荒唐得很了。

聖武天皇和光明皇后生了一個女兒，容顏秀麗，很像媽媽，還比媽媽更來得艷媚，是聖武的掌上珠。他一心要讓這位嬌滴滴的愛女來承繼皇位，但是他和其他妃嬪也生的有男孩。為了避免將來發生問題起見，他在即位二十五周年時把皇位禪讓給她，是為孝謙天皇。她即位的時候已三十三歲，仍然是小姑獨處。她的表兄藤原不比等的孫子仲麿，是個非常聰明的人，《日本史書》裡記他道：「率性聰敏，涉覽群書，尤精於算術。」他的舅父是個學者，通《五曹》、《周髀》，兼通「兵書」，一一都傳授給他。《五曹》、《周髀》就是今天的代數三角，當時認爲是極深奧的學問，他不但文采風流，並且還是一表人才，哪能不獲得女帝的歡心。女帝經常到他家裡去，而他的官階也一天天往上爬，很快爬到了紫微中台的長官。但這時忽然另外出現了一位競爭者。

那時是佛教的黃金時代，聖武天皇要在東大寺造一尊十六公尺高的大佛像，這一工程非常困難。先用細砂黏土塑成之後，還要再加塑一層厚厚的外皮，然後以熔化了的銅液灌進夾層之中。但是施工複雜，經過八次失敗之後，才告竣工。爲了這尊佛像，把全國的青銅搜括了來還不夠，另外還要到處去開山尋探銅礦，搞得民窮財盡，惶惶不安。好不容易長長的七個年頭過後，大佛才鑄造完成，大家都喘了一口氣，反而覺得輕鬆愉快。開眼式的那一天，舉國歡騰，前來瞻仰的滿坑滿谷，途爲之塞。而爲了採銅，在銅礦裡，挖出來金子，這又是一大喜事，認爲是菩薩的賞賜。太上皇聖武、皇太后光明、天皇孝謙都滿心歡喜，這日全都親臨參加了這次的君民同樂大會，請來供養的和尚有一萬人。大家敲起木魚，誦起經來，響徹雲霄，好不熱鬧。在這一萬名和尚之中有一位野心僧人，名喚「道鏡」，遠遠地望見了美麗妖艷的天皇，爲之凡心大動。而天皇呢，也在儀典完畢之後當晚，第一次夜宿在她表哥藤原仲麿的家裡了。這位道鏡和尚是專修《如意輪經》的，據說凡是能一心一意誠信經文的人，可以在現世中立致富貴。他因此發憤到山中一個石洞裡苦修了三年，可是一點也不像會做王公大臣的樣子。有一天他越想越有氣，認爲經典騙人，把《如意輪經》往洞外用力一拋，還不足以洩憤，就學起孫悟空來，竟往上面澆起人造肥料來，不料草地裡藏著一條爬蟲，跳了起來就在他器官上狠狠地抓了一把，登時腫脹了起來，從此不消。當時的民謠唱道：

看道鏡打坐呀，他有三條膝。人間罕有呀，萬古一。

孝謙做了九年天皇之後生起病來。她那表兄已晉封爲太保，對她不再獻殷勤。更年期的女人有無限的憂鬱，她看破了紅塵，索性把皇位讓給了遠房叔叔。自己出家拜佛，在琵琶湖畔近江的保良宮裡養病。這時有人推薦了一位高僧可以替她來祈禱醫病，這位高僧不是別人，就是道鏡。他的醫道果然高明，幾服藥之後，孝謙痊癒了，而道鏡從此「常侍禁掖」，「甚得寵愛」了。

她一旦恢復了健康，當然又積極起來要干預朝政，躲在近江，毫無意思，她又由保良宮回輦到了平城，當時便把五品以上的文武官將集攏了來，訓道：「朕出家爲尼，與法師共同修道，理所當然，現天皇淳仁竟聽信傳言，藐及朕躬，誠不堪任使，以後國家大政，仍由朕親理，宮中祭典可由其主持。」幾乎等於武則天的廢帝行爲。她這一砲，是一發兩響。因爲淳仁這時已經完全是藤原仲麿的掌中物，打狗看主人，仲麿當然受不了，何況孝謙原是他的情婦，現在另有所歡，能不大怒，他昏了頭，領兵反了。那時他已官爲太師，但是平時驕縱慣了很不得人心，用太師府的符令去動員，往往不得效果，所派遣的使者反被人捉了起來，而上皇的聖旨都能貫徹，這和武后討徐敬業一樣，皇師很快把藤原仲麿追到琵琶湖邊，最後一戰藤原敗績，全家被俘，就地正法了。

凱旋之日，孝謙上皇躊躇滿志，宣布重祚，把淳仁天皇流放到淡路去，並且傳旨道：「朕為出家之帝王，需出家之大臣為輔，茲特授道鏡以大臣之位。」《如意輪經》果然沒有錯，雖然是和尚，還是做了大臣。

孝謙重祚後，改稱號為稱德天皇。為了陪伴道鏡衣錦還鄉，特地巡視飛鳥地方的舊都，然後路過道鏡的舊里，召集文武大臣，當面授道鏡以太政大臣之職，在中國的官職說來，便是一品宰相了。流放在淡路的淳仁不知死活，乘女帝不在都城時，竟想逃走，但又被捉了回來，兩天後便暴病而亡。

說也奇怪，道鏡當了宰相之後，出現了稀有的祥瑞，海龍王寺菩薩像裡找到了一粒舍利子，女帝非常高興，選出了兩百個俊秀青年貴族，讓他們舉著幡蓋，捧著這粒舍利子送到法華寺裡去供養。這顆舍利子的出現，女帝認為是道鏡精誠的感應，又上他的尊號，稱他為法王。他的待遇完全和天皇一樣，儀仗鳳輦，起居衣飾，不再有差別。這眞是辛辛苦苦百折不回由中國到日本來的鑑眞上人，始料所不及。弘揚佛法到了這步田地，實在是入了邪道。在武則天的朝廷裡有薛懷義，在孝謙稱德宮裡有道鏡，遠東兩大佛教國家都一樣地腐爛了下去。

女帝重祚之後七年病逝，道鏡隨著倒楣。新登基的天皇是天智天皇的孫子——白璧王，第一件事，就把這位不可一世的和尚放逐到下野國去，他在那裡受了兩年折磨，無聲無臭地死了。

風流女皇

絕代艷后，風流女帝，日本孝謙天皇，受了當時唐朝武、韋的影響，私生活非常放蕩，她沒有正式結過婚，憑她的嬌媚潑辣，有效地統御了她的群臣，一個個五體投地，拜倒石榴裙下。可憐，人到中年，感情最脆弱的時候，偏偏被她所最寵信的表兄仲麿所冷淡，她心灰意懶，病魔纏身，一氣之下遁入空門。哪知出家之後，巧遇奇緣，一個野心和尚，法名道鏡，抓到這一空隙，挺身而進，果然大獲寵倖，使得孝謙古井重波，這位已經退位的天皇，又重新踐祚，改稱稱德天皇。在熱戀中她昏了頭，把她這個情郎和尚封為太政大臣禪師，讓他掌理朝政，儼然宰相，她說：「朕為出家之天子，應有出家之大臣為輔。」但不久她還嫌給他的榮寵不夠，又改封他為法王，待遇擬於天皇，一樣的乘鳳輦，御錦袍。又把他的一家，個個封任顯要，派道鏡和尚的弟弟淨人任內豎省長官。內豎省等於唐宮的錦衣衛府，管理皇室的衛隊和兵器總庫。女天皇簡直把她自己的性命都交給了道鏡，道鏡到了這步田地，野心難戢，再登上半步，便是天皇了，他於是和日本神道教的主神官阿曾密議，授意阿曾上奏：「八幡大神有旨，倘由道鏡來即天位，天下必然太平。」女帝果然相信，日有所思，夜必有夢，她也夢見八幡大神來告，命她派宮女法均到宇佐來聽旨。法均是女帝的親信，派她去做女帝的代表，本來很合適，不過迢迢數百里跋涉到宇佐，路途太遠，單身女人十分不妥，並且法均年齡也大了，禁不起勞頓，想來想去祇好再由法均找個代表，於是選定了她的弟弟，年輕力壯的清麿去跑一趟，清麿出發之前，道鏡再三叮囑，要照主神官的指示回報，可是清麿到道鏡的師傅路豐永法師那裡去辭行時，這位白眉皤然的老法師說道：「倘若道鏡眞的即了天位，老僧無面目再對世人，祇有學伯夷叔齊恥食周粟，絕食而死了。」清麿大受感動，叩拜而去。清麿到了宇佐，齋戒沐浴，虔誠祈禱後，果然神靈出現，金身三丈，光如滿月，清麿不敢仰視，祇聽大神說道：「國家開闢以來，君臣之分已定，臣不能爲君，天皇之位應由皇統之人承繼，邪僧道鏡大逆無道應即誅戮。」說罷不見。清麿趕忙啓程回都覆命，九月裡才趕到，一五一十把所見先報告給姊姊，姊姊又一五一十據實面奏天皇，天皇聞奏大怒，這分明不是八幡大神的旨意，顯然是她姊弟兩人揑造出來的故事，她立刻把這兩人發配到大隅去充軍，把清麿的名字改爲穢麿，法均的名字改爲廣蟲，道鏡並且囑咐他弟弟內豎省的長官派人在到大隅的途中，埋伏了凶手，打算把清麿在半路中殺了。此舉倒反而驚動了一個人，一個足智多謀、有膽有識的策士，此人便是藤原百川。

藤原百川是有名的藤原鐮足的後代，藤原鐮足輔佐了天智天皇定了天下，成爲一代名臣，他的後人藤原不比等更進而爲皇親國戚，紅極一時，但是再下一輩的子孫，恃寵而驕，藤原仲麿闖下了滅門大禍，藤原這一族幾乎一蹶不振。所以藤原百川在幼年時代十分孤苦，但是他聰慧異常，以才學取得了功名。道鏡得勢後，他附從了道鏡，成爲道鏡的心腹，道鏡任命他爲內豎省大輔，輔佐淨人，淨人靠著哥哥的勢力，雖然位登權要，但實在是個飯桶，有百川這樣能幹的人做他的副手，樂得什麼事不管，飲酒取樂了，因此內豎省的大權落在百川掌中，等於今天的特工與衛戍的職掌集於一身，他獨力當然還不能成事，恰巧他堂房哥哥藤原永手，這時也晉位爲左大臣，另外一個堂兄良繼也當了內大臣，朝中文武大權實際上已經集中在藤原家族，但那迷了心竅、一心想做天皇的道鏡，居然沒有看清這一形勢。

百川看穿了土和尚沒有用，尤其看到了清麿姊弟忠義的表現，知道民心可用，更增加了他的信心，於是他一方面設法把清麿的性命救下，另一方面進行他的大陰謀。

到了第二年，稱德天皇宿疾又發，道鏡法王一心忙著爲她醫病祈禱，但是毫無效果，纏綿到了秋深八月，在沒有正式的丈夫、沒有兒子的環境裡，這位風流了一世的美貌天皇賓天了，遺下了她一心想培植的情郎道鏡和尚。百川聽到了天皇大漸的消息，疾風迅雷地把道鏡、淨人兄弟放逐到鄉下去，不久道鏡便糊裡糊塗死了。

遺詔傳位給白璧王，白璧王是誰，他是天智天皇庶出之子的後裔，雖說也是皇胤，但早已不敢自詡是正宗老牌，但是他的妃子，卻是稱德天皇的妹妹，雖然不同母，也是聖武天皇的親生女井上內親王。這份遺詔，哪裡來的呢，至今是疑案。但是由種種跡象看來，顯然是藤原百川的傑作。在天皇彌留之時，大臣之間早有立後的爭議，由唐朝回來的吉備眞備，那時位爲右大臣，有意擁立天武天皇之孫文室王子之意，但是百川和白壁王之間早有交誼。在權力鬥爭之中，堅狠明快者勝，溫讓儒雅的吉備眞備，哪裡是世代謀士百川的對手。遺詔一出，道鏡下貶，吉備眞備也跟著去位了。

夫由妻貴，白璧王即位是爲光仁天皇，那時的風氣早已是乾綱不振，在中國有武后、韋后，在日本有光明皇后，有孝謙稱德天皇，是女人世界。女人奔放自由的程度，不減於今天的美國嬉痞，白璧王登基後，皇后根本沒有把糟老頭子放在眼裡，她也直接干預朝政，於是觸怒了藤原百川，藤原百川自命是佐命大臣，是King Maker（國王創造者），他怎肯受命於婦人，由厭惡而生恨，非去之而後快。這位皇后也確實有些十三點，她憑著小聰明，喜歡玩弄畫符念咒、魘魅之類的鬼把戲，也下得一手好棋，有一天老夫妻兩人閒來無事下起棋來，光仁和她賭勝負，倘若皇后輸了，就去替天皇找一位絕色天香的美貌嬌娘來伺候，反過來倘若天皇輸了，天皇也要替皇后去找一位身強力壯的小夥子來侍奉。結果這盤棋天皇輸了，天皇不得已把他和韓國女郎所生的兒子山部親王叫了來，聽候皇后任意調遣。三十六歲的山部親王一肚子委屈，成天要服侍這位五十六、七歲的老太太，免不了要發牢騷。剛好與藤原百川同病相憐，沆瀣一氣。當時的皇太子他戶親王是皇后所生，衣錦繡，騎駿馬，前呼後擁，好不威風，這位半僕役的山部親王雖然同樣也是天皇所生，但是和皇太子的地位與待遇相比不啻天壤，不過假如皇太子不幸短命死矣的話，奴隸立刻就能有資格成爲嗣君。

這樣的機會，藤原百川哪裡肯放過。他有一天慌慌張張地面奏天皇說，皇后有意謀害皇上，他身負衛戍之職，不敢不告，證據是在皇后宮裡發現有符咒，天皇聞訊大驚，跟著一同去搜查，果然在皇后御用的井裡找出來魘魅的小人形來，這時藤原百川立刻上奏：「爲了國家，爲了人民，陛下應該立刻勇斷，請皇后和東宮都暫時退避。」老皇一時沒了主張，連連點頭，藤原百川便指揮屬下把皇后和太子一起拘禁了起來，不一刻皇后和太子都自承有咒詛天皇之罪，第二天上朝在文武百官的面前，百川宣讀了聖旨，廢皇后及太子爲庶人，把他們打入冷宮，冊立山部親王爲皇太子。據史載：百川宣讀上諭時，天皇爲之啞然失色，周身戰慄。

最奇怪的是兩年三個月後，廢后和廢太子竟在同一天內，暴卒在大和的冷宮裡，這是寶龜六年四月裡的事，也就是光仁天皇即位的第六個年頭。

奈良本來是個鳥語花香模仿長安的美麗首都，孝謙稱德尤其喜愛樹木動物，「與麋鹿遊」，至今觀光客到奈良公園裡去，一群一群的梅花鹿，馴良地走過來在你手中討食物，除了道路寬闊，仿唐制的建築之外，寺院林立，有名的東大寺、唐招提寺、正倉院集中了東方最美的佛教雕刻品和藝術品。當時確實是個充滿了喜氣的花花綠綠的城市。但是寶龜六年以後突然變了，從此鬼氣森森，不但皇宮裡鬧鬼，連民間都白晝見鬼，井上皇后和他戸皇太子的陰魂不散，常常出現。由那一年起，連年災荒，米價高騰，最大的米倉，在東國的正倉，忽然著火焚毀，軍糧民食燒得個乾淨，接著天皇不豫，新立的皇太子山部親王也昏迷不醒，皇太子的近侍接二連三暴卒，老皇的女兒、皇太子的姊姊能登內親王，她的姑母難波內親王，也一個個無緣無故地跳起來死了，奈良成了一個鬼市，人人自危，最慌的當然是皇室，整天拜佛設醮，祭奠不已，把井上皇后和他戶親王的棺木，重新改葬，建爲堂皇的高陵，但是還是沒有用，到了寶龜十年，輪到了足智多謀，首席策士藤原百川的頭上，他也暴病而亡，得年僅四十七歲。但他死後，皇太子的病倒慢慢好轉了起來，漸漸甦醒，日有起色，光仁天皇知道皇太子健康恢復，立刻禪位，但是仍然難逃一死，延到了十二月裡，老皇的魂靈也被冤鬼攝去了。

自元明女帝開始經營平城（今天的奈良），到光仁天皇逝世之日止，整整七十年，其間歷經了七代天皇，雖然其中也有幾位是男性爲帝，但大都是女人當政，奈良是女人的都城，發生了多少風流韻事，除了女人之外，最得意的是出家的和尚，他們雖然出了自己的家，卻能一轉身回到了宮廷，並且登堂入室，直據御榻。修行變了質，成爲富貴的捷徑，但因此佛教大興，佛教藝術文化盛極一時。流傳至今不但是日本的國寶，也是東方之榮。不過女皇的恣意浪漫，使得人民厭惡，大權旁落，日本皇室從此衰微，先受制於大臣，後又爲幕府的傀儡。僧侶驕橫，越演越厲，終至於干政，導致了日本百餘年的不安。這時奈良完了，《魏書》裡的「女王卑彌呼的時代」不再重演，女人專政告一段落，日本進入一個新時代，奈良不再重要，Sayonara，奈良！

平安王朝

人類是最奇怪的動物。創造生活法令規章制度來限制自己的行爲，創造出禮教來束縛自己的思想，其中最大的發明則是鬼神，有了鬼神，人便著了迷，尤其篤信宗教的，越虔誠，便越和鬼神有緣，試看我們今天多少教徒，經常看見靈光，得到靈感，或者以聽到主的呼喚爲榮！

奈良時代的日本人崇信佛教，到處建立了大規模的廟宇寺院、十八羅漢、四大天王、觀音菩薩的塑像，維妙維肖，觸目皆是。日有所見，夜有所思，而人一上了年紀，老眼昏花，更會看得到許多幻象，日落黃昏，燈暗影重，總會覺得鬼氣幢幢在身前身後左右打轉，這便是當時光仁天皇的處境。何況他心中內疚，以莫須有的罪名，把自己的恩愛髮妻井上皇后和親生骨肉他戶太子打入冷宮，又糊裡糊塗地被人捉弄，讓他兩人同時暴卒。他悔恨交迸，在不斷的良心譴責和恐怖之中，晏駕了。

老皇雖死，但是恐怖的氣氛並未因此而消逝，奈良已成為鬼都。桓武天皇即位之後，第一件大事便是想逃脫這一環境，何況那時僧侶的氣焰也越來越囂張跋扈，與其受制於人，不如遷地為良，遷都吧！桓武在延曆三年就開始派遣心腹四處察看地形，選擇在風水佳處，預備重營新都了。桓武的心腹藤原種繼是藤原百川的姪兒，也是個年輕有為的幹才，自從他叔叔死後，也有對幽靈之懼，一直想早點離開這不祥之地，而湊巧他的母親秦氏，是漢人的後裔，秦家累世居住日本，以專家身分參加各種建設事業，有過很大的貢獻，在地方上，尤富盛譽，不但是知識界領袖，也有很多田產，是山背長岡一帶地方的大地主。種繼認為山背有水陸交通之便，比起奈良（平城）顯得開朗得多，力勸桓武建都其地，桓武也十分贊同，立刻任命種繼為「造長岡宮使」，長岡宮，就是未來的新都了。種繼幹勁十足，受命之後日夜奔忙，居然到了年底長岡宮已經粗具規模，桓武在齋戒沐浴、祈求神佑之後，正式遷都了。到了延曆四年，果然祥瑞降臨，皇后宮大夫報告：「有朱雀飛臨后宮。」認為是吉兆，於是大張宴席，百官大臣輪流慶賀，好不熱鬧。但是樂極悲生，八月末天皇因事行幸舊京，事畢又在奈良附近去遊獵了一番，就在這巡狩期間，長岡宮內發生了一件大事。九月二十三日夜亥刻，長岡宮留守大臣藤原種繼忽然被人在暗中射了兩箭，第二天天皇聞訊急忙趕來時，他的心腹寵臣已斷了氣。是誰下的毒手呢？天皇嚴命追查，追查的結果是在東宮供職的大夫、大伴和佐伯的衛士們幹的，審訊的供詞中，牽涉到皇太子，雖然不是皇太子的主使，但也曾預聞其事，皇太子早良親王是桓武天皇的同胞兄弟，對於種繼確也常常微諷，不過並無仇恨，按理沒有在此時去之而後快的必要。可是天皇這時不問青紅皀白，不顧手足之情，立刻下令把皇太子押到九訓寺裡監禁起來，皇太子早良親王憤極不食，十餘日後餓死。

早良親王死得冤枉，他雖然立爲東宮太子，但是並非出於桓武天皇的本意，而是老皇臨終時的遺命，桓武自己也生有數子，人總免不了有私心，兒子一個個長大了，個個瓊枝挺秀，焉有不想傳子的道理，於是對自己的兄弟越看越不順眼，乘此大好機會，找到了罪名，把眼中釘拔掉了。早良親王死後，桓武高高興興地把長子安殿親王立爲皇太子，不過天下往往逞一時之快的事做不得，早良親王絕食而亡之後不久，桓武天皇的寵妃旅子暴卒，早良親王的母后高野皇太后病逝，皇后乙牢漏驟亡，宮中開始又鬧起鬼來。新立的太子安殿親王也發起燒來，久久不退，急忙請了看風水的陰陽師來察看，他一口氣斷定了是早良親王的冤魂作祟，嚇得桓武天皇一身冷汗，連忙派人到親王靈前燒香禮拜，沒有用，於是又叫皇太子安殿親王親自扶病告罪，也沒有用，而這時長岡畿內還連續發生災異，瘟疫橫行，死人無數，伊勢神宮又起火，正殿、財殿全部燒光。搞得桓武天皇坐臥不安，三十六計走爲上策，他又動了遷都之念，很快地他在宇太村選定了未來首都的新址，加速動員開工營建，那時雖然對蝦夷用兵，需要很多的資財人力，但是爲了皇室的安全，不惜再大徵民伕，集中了五千人，晝夜不停地大興土木，到了第二年的六月裡，宮殿的規模已具，天皇以及皇室一家倉皇地搬了進來，取名爲平安京，顧名思義，桓武最大的願望是平安，他在長岡建都十年，此時棄之若敝屣，今天想去憑弔古都的人，都找不到遺址了！從此平安京卻一天天地發展美化，就是今天的京都。

桓武朝除了遷都之外，另外一件大事，便是向東北開拓疆土。日本東北地區早經另外一個人種所盤踞，他們多毛而矮小，遠在欽明敏達天皇時代，雙方就不斷的有了摩擦，日本人對這一人種取名蝦夷。到了桓武朝，蝦夷被迫不得不起而反抗，他們也驍勇善戰，在戰略上他們懂得游擊，懂得詐降；在戰術上，他們善用長盾，掩護全身，挺刃而進，有如現代裝甲戰車一樣；又會騎馬，風馳電掣，衝鋒突襲，神出鬼沒。日軍連戰皆北，陸奧按察使紀廣純，當時日軍的統帥陣亡。蝦夷乘勝大舉包圍多賀城，守城兵將棄城而逃，城內的存糧兵器都被蝦夷掠奪一空，又放起火來把奈良時代一點一滴辛苦經營的據點，燒得一乾二淨。桓武聞訊大驚，不得已起用了一位異鄉人，此人名坂上田村麿，是華僑後裔，在東漢時期，他的遠祖就移居日本，累代爲將，雖然東征西討，爲日本皇上效了愚忠，但總免不了要被排擠，永遠出不了頭，到了坂上田村麿的父親時，也還是名將，以軍功升爲陸奧鎮守府將軍。田村麿在他父親麾下，任過下級武官，父親死後調任近衛少將，也抑鬱不得志，此刻好不容易英雄有用武之地了，他先受命爲征夷副將軍，馬上旗開得勝，接連三次會戰中祇有他攻陷了蝦夷據點七十五所，論功行賞，升爲陸奧、生羽兩地的按察使。再兼陸奧鎮守將軍，名副其實地集日本東北方面的行政軍事於一身了。

史傳說他身高五尺八寸，胸厚一尺二寸，體重二百餘斤，在當時可以算得是巨人，他目光如鷹，鬚髯如金針，十足的漢人模樣，但他卻是中國的武將風度，赤膽忠心地爲日本皇室開拓疆域，兩年後又晉升爲征夷大將軍，賜節刀，總管全軍，他一口氣進占了蝦夷的根據地膽澤，再進軍北指一直打到閉伊村，蝦夷完全瓦解，潰不成軍，餘眾投降了。那時他麾下雄兵十萬，日本國內的軍力完全由他節制，祇要他稍動遐想，整個遠東歷史要改寫了。那時是西曆八〇四年，恰好五十年前中國適當唐玄宗時代，唐玄宗一樣重用了番將戍守中國的東北邊，可是他沒有桓武天皇那樣幸運，這位番將一樣的雙目如鷹，鬚髯劍戟，但是位極人臣之後，舉兵反了，這就是有名的安祿山之變。田村麿凱旋歸來，兩名降酋一同繫至新都平安京，朝野歡騰，日本從此絕了心腹之患，田村麿仁義爲懷，再三爲這兩名降酋乞命，但是小氣的日本人哪裡肯放過，以怨報怨把這剩餘來降的蝦夷，都一一斬首了。

田村麿功成身退，他解甲歸田，雖然一直爲日本朝廷所器重，但是從此不再參與任何政治活動了。

桓武天皇這時已呈老態，身體常常不舒服，雖然已經遷了都，但是入夜還會有鬼來纏，他認爲日本的和尚道行不夠，不能驅魔制怪，特地遴選了兩位高僧，著他們隨著遣唐使渡海求道，一位是最澄法師，他是華裔，幾代居住日本，十二歲出家，十八歲已經受了具足戒，不久就到比叡山山中修行，苦修了二十年，奉命渡唐，他先到天台山，座主道邃授以大乘圓頓戒，這是天台宗的教義，最澄得到了眞傳，然後他又到越州，從龍興寺的順曉和尚，學到了密宗，又在禪林寺備然大師處受禪宗，雖然祇有短短八個月的時間，他所了悟的眞理眞不算少，他匆匆趕回日本來報命，桓武天皇已經病篤，馬上宣他上殿爲天皇祈禱，果然有效，居然慢慢恢復了健康，從此天台法華宗在日本生了根。

另一位是空海法師，他比最澄小七歲，雖然與最澄同時入唐，但他求道心切，在中國多住了幾年，大開眼界，他從印度僧人直接學到了新的教義。那時在青龍寺有位高僧惠果創說密宗，空海拜到門下，成爲惠果最得意的弟子，惠果授以曼荼羅，不久惠果圓寂，眾弟子中名人雖多，但公推空海撰寫了碑文，至今還在西安。

從此密、禪在日本大行其道，尤其在上流社會中極其流布，不但影響了日本人的思想行爲，並且也大大影響了日本人的風俗習慣與美術。

可惜桓武天皇來不及親見了，他病稍有起色時，一天出外巡行，看見很多囚徒，戴著枷鎖做苦工，不禁惻然心動，回宮後下詔求直言，特別宣召幾位飽學之士上殿來論「天下德政」，中納言藤原緒嗣從容論道：「方今天下之所苦，在軍事與營建，苟能罷斯二者，百姓可安。」天皇聆奏歎息，雖然當時有很多人反對緒嗣的意見，但是天皇立刻下令停止再對蝦夷用兵，並且停止平安京的一切工程。三天後索性把「造宮職」——營造工程處——廢除了。這是延曆二十四年十二月事。到了翌年三月，桓武天皇薨，享年七十。一代君王魂靈得到了安息。

葉子之亂

宗教信仰越發達，顯靈顯聖、疑神疑鬼的幻覺，也越來越離奇。何況廟宇裡的塑像，大半都是面貌猙獰，尤其朝夕相對，更恍如舊識，使得心裡有疚、意志薄弱的人，認為在人世之外，真的還有一個有冤報冤、有仇報仇的靈鬼世界。

桓武天皇為了躲避冤魂的侵擾，一再遷都，建都到平安城之後總算平安了。從此開拓了平安朝一千年的歷史。在這一千年當中，日本遭遇了很大的變遷。首先是王權旁落，武家興起；文藝大開，佛教昇華；然後便是幕府形成，群雄割據；終而至於明治維新，脫離藩鎮封建，成為一個近代國家。

桓武天皇一生兩度遷都，三次征夷，雖然勞民傷財，但仍不失為日本一代中興之主。模仿中國史書的《日本後紀》記道：

帝內興土木，外攘夷狄，當年雖費，然後世實利賴焉。

桓武在恐怖與悔恨之中，終以古稀之年晏駕了。皇太子安殿親王據《日本後紀》的記載：

哀號擗踊，昏迷不起。

表面上著實流露出無比的大孝，實則心裡也懷著鬼胎，深怕冤魂來尋仇。日本皇室繼承的往例，是傳弟而不傳子。桓武的承繼人原來是皇弟早良親王。因爲被人誣陷說是參與了謀反，就不問青紅皀白，把他幽禁了起來。早良親王一肚皮冤枉，氣憤塡膺十餘日不食而死。早良死後，桓武才改立自己的長子安殿親王爲皇太子。但是這位王子被冊立爲皇太子之後便不爭氣，一直生病，百醫罔效，最後請了一位陰陽師來看風水，不看猶可，這一看看出了毛病，斷定了是冤魂附身，絕非藥石所能療治。這眞是青天霹靂，大家慌了手腳，急忙以隆重的喪禮改葬了早良親王，並且由皇太子扶病到靈前祭奠，請求寬恕，果然安殿的病慢慢有了起色，但是在安殿的心裡，留下了不可磨滅的暗影。匆匆經過了二十年，這時即了天皇之位，暗影也在他的心中張大了起來。改元大同，號稱平城天皇，遵奉桓武的遺詔立小十二歲的同母弟賀美能親王爲皇太子。

平城即位之初，倒也能輕徭減賦，與民休息，罷除了一切營建征伐，一掃前朝的政風。

《日本後紀》讚美他道：

雖古先哲之政，不足過矣。

所以算得是賢君，但是英雄難過美人關，這位賢君卻被女人毀了。他在皇太子時代，就私通了他的表妹，一代尤物的藤原葉子。葉子是先朝的股肱藤原繼種的女兒，是個有夫之婦，已經生有子女，她的父親遇刺身死之後，桓武特別看顧遺族，收葉子的女兒選入東宮，爲皇太子的妃嬪之一，於是葉子也因爲是皇太子丈母娘的關係，可以自由出入宮禁。眞是丈母娘看女婿，越看越有趣，看到自己的懷抱裡來，居然越俎代庖，代替了自己的女兒，成爲入幕之賓了。桓武聞悉此事，十分震怒，把葉子逐出宮外，不許往來。但是孽緣自古難斷，平城登基以後，禁令自然解消，兩人明目張膽地重拾舊歡了。新皇立刻封她爲宮中的常侍。常侍者女官之長也，本來官階爲五品，現在特准升爲從三品，她可以預聞朝政了，葉子酷有父風，是個善弄權術的英雌，得此際遇，哪裡肯輕易放過。尤其她有個哥哥仲成，是個現成的楊國忠，他們狼狽爲奸，乘平城不愛理朝政，便買官鬻爵無所不爲矯詔行事了。可惜好景不長，平城做了三年天皇，忽然又發起病來，他疑心又是冤魂來索命，日夕不安，急急想擺脫皇位，好讓惡鬼向別人身上去尋仇。同時因爲他耽於女色，繁忙的國政常常擾他的春夢，左思右想，總覺得這寶座不值得留戀，於是到了大同四年春，情況又轉劇的當口，他不顧葉子和仲成的苦勸，毅然禪位了。

皇太弟雖然數度上表懇辭，爭奈大少爺脾氣一旦做了決定，難得挽回，就在四月十三日黃道吉日平城退位，皇太弟受禪是爲嵯峨天皇。翌日尊平城爲太上皇，平城的長子高岳親王爲皇太子。

嵯峨登基後七天，便降旨停止「食封」。「食封」是觀察使所特享的恩典。本來觀察使的制度由來已久，桓武時代就有所謂的巡察使，後來又改爲問民苦使，分日本全國爲七道，每道設一位巡察使，輪迴察看地方官吏的勤惰，與訪求民隱，原本是一個極好的制度，但是日久頑生，不但沒有發生預期的效果，並且因爲川資不足，這批巡察使變成了京官，留在京裡不動了。平城爲了加緊功能，改名爲觀察使，責成他們非外巡不可，爲了補貼他們的盤川，特准他們到地方上去自己籌集，名之爲「食封」。這樣一來，原來的苦差使一轉而爲肥缺，雖然不免有舟車之勞，但是大家都爭著想外放了。因爲一旦到了京外，天高皇帝遠，便可以捧了雞毛當令箭，大肆搜括了。不但不必去問民疾苦，反而可以耀武揚威，成爲欽點的大蝗蟲，名正言順地奉旨擾民了。嵯峨在皇太子時代早有風聞，但因太子的地位微妙，儘管痛心疾首也無從直諫，祇有隱忍不發。此時不同了，大權在握，第一件德政，便是取消了「食封」。雖然民心大快，卻惹惱了一位女將，即是平安上皇的寵姬葉子。她和她的哥哥仲成原來就靠這批觀察使來替他們從事聚斂的。食封停止之後財源斷絕，等於擋住了她的財路，焉有不恨，於是在憤懣之餘，激起了大逆不道的陰謀，首先離間上皇和天皇之間的手足情誼，然後再徐圖恢復上皇原有的大權。偏偏事有湊巧，平城禪位之後身體果然見好，他幾度遷居避邪，都有效驗，一次比一次壯健起來。一個康強的人，興致當然也會積極起來，終日閒蕩無事當然難受，尤其聽說自己所創辦的制度，被後任一腳推翻，怎麼能不耿耿於懷呢！更禁不住枕邊人接二連三地進讒，不由得平城不想復辟了。參與計畫的自然也大有人在，但是葉子是核心中的核心人物。她爲了避開嵯峨天皇的眼線，建議平城索性搬到舊都平城京（現在的奈良）裡去，另創天下。再命令自己的哥哥仲成留在京裡，細察動靜。平城在過去已經有過五遷的事實，現在再遷得遠些，嵯峨也祇好唯命是聽。說也奇怪，平城上皇的健康一天比一天好了起來，相對的嵯峨天皇卻連連地發病了。甚至重要的元旦朝儀都不能舉行，朝政當然也不能問了，乘此時機，平城便在舊京裡發號施令起來，一國之內，儼然有了兩個朝廷，這就是日本史上有名的「二所朝廷」。不過天無二日，民無二王，這樣的局面不可能太久。嵯峨雖然在病榻上，也忍無可忍，上皇究竟是何居心，不能不防了，於是在極密中任命了幾個心腹組織了一個特務機關，取名爲藏人所，以藤原冬嗣爲藏人頭，也來偵察上皇方面的行動，同時也加緊籠絡一班有實力的武將。藤原冬嗣是藤原鐮足的後代，足智多謀而好學不倦，爲人敦厚溫文，漢詩尤其作得工整，他的布置比起葉子自然要更高一籌，在平城的左右也派有密探，平城和葉子的舉動意圖十分清楚。到了大同五年（西曆八一〇年）的七月裡，嵯峨的病情不見好轉，一般人都信以爲是怨魂上門，不斷延請高僧到宮裡來禳祓消災，烏煙瘴氣搞得人心惶惶，就在這個時期，上皇以爲有機可乘，在九月六日他忽然降旨廢平安京，而恢復平城爲皇都，等於是由平城京發出來的詔旨才算國家的正式律令，如果嵯峨默爾而息，就是等於自己免了自己天皇的職位，這是上皇的撒手鐧，他想當頭一擊就能把奄奄一息的弟弟打垮。平安京裡的朝廷聞訊震驚，此時迫得嵯峨不得不攤牌了，經過四天的密議，嵯峨聽從了藤原冬嗣的意見，昭告天下拒絕遷都，一面將上皇留在京裡的心腹仲成拿下兵衛府拘禁起來，再派遣密使把舊京裡的大臣全部召回，同時請出老將坂上田村麿來統率精銳，要擊上皇的部隊。

上皇接到了報告之後，也親自領軍東征，和葉子同乘鳳輦向平安京進發，卻沒有料到大隊行不多時，士卒便紛紛逃散，還沒有接戰，三軍已潰了。上皇看大勢已去，祇好退回到平城宮裡，自己削髮爲僧，而葉子自知罪無可逭，仰藥自盡了。沒有本領而喜歡玩火的人，總落得一個悲慘的下場。葉子死時，也不過三十四歲，這是個半老徐娘，而她的哥哥仲成早一天已爲亂箭射死了。

嵯峨對於上皇沒有再追究，詔書裡祇簡單地說上皇幸到伊勢去了，對於謀反事一個字也沒有提，不過上皇的長子原來冊立爲皇太子的高岳親王，這時廢爲庶人，讓他到東大寺去做了和尚，法號眞如。葉子事件，就這樣告了結束。

嵯峨天皇平定了內亂之後，國內晏然，那時恰好在唐朝是詩人輩出的時代，吟詠的風氣也飄洋過海，瀰漫了日本。嵯峨本人以及立了平亂大功的藤原冬嗣，都是詞人，平安朝裡的唱和也非常之盛，嵯峨曾經兩度敕命朝中大臣選集佳作，第一次由小野岑守撰集，取名《淩雲集》，第二次由仲雄王撰集，取名《文華秀麗集》，至今流傳，其中確有不少好詩，我們現在介紹幾首如下：

一、嵯峨御作〈江頭春曉〉：

江頭亭子睽人事
歌枕唯聞古戍雞
雲氣濕衣知近岫
泉聲驚寢覺鄰溪
天邊孤月乘流疾
山裡饑猿到曉啼
物候陽和猶未定
汀洲春草已萋萋

二、嵯峨十七歲的女兒有智子公主以〈春日山莊〉爲題：

寂寂幽莊水樹裡
仙輿一度降池塘
林棲孤鳥識春澤

澗隱寒花見日光
泉聲近報初雷響
山色高晴暮雨行
由此更知恩顧渥
生涯何以答穹蒼

由此可見中國文化在嵯峨朝代有多深的影響了，不但在詩文方面已放異葩，就連日常生活遊戲音樂藝術也都唐化。由嵯峨開始歷經了淳和、仁明兩朝，日本的太平景象維持了三十多年，那時日本高階層人物的生活，可以說極其舒服，尤其做了上皇，更是優閒，嵯峨三十多歲便禪位給他的弟弟淳和，他自己則逍遙於山水之間，或以琴書自娛，可謂享盡了人間清福。

不過上有好者，下必甚焉，皇室喜歡逸樂，王公大臣也都紛紛效尤，上層社會的奢靡風氣，招致了老百姓極端的窮困，王公大臣爲了維持他們豪華舒適的生活，不得不去加徵賦稅，其結果便是盜賊如毛了。到了仁明朝，農村裡集體逃亡，大家都湧向城市裡求生，京畿之內白晝都有搶劫，在承和四年，居然有兩個大膽的女賊直闖到宮內的清涼殿裡，威脅了天皇，種下了以後大亂之源。

歷代的天皇都好色，妃嬪多了，子女當然也多，皇室的開銷就跟著增加，一直到不能負荷的地步，爲了減輕負擔，衹好將所有庶民出身的妃嬪所生的子女，不列爲皇族，降入臣籍，讓他們長大成人之後自謀生活，而爲了有別於普通的臣民，這批皇胤都一一賜姓，在桓武以前，有賜姓眞人的，有賜姓朝臣的。到了嵯峨天皇，他一共有子女五十多人，其中三十餘人都降入臣籍，賜姓「源」。淳和天皇把他的姪子高棟王也降入臣籍賜姓「平」，源平二氏以後在日本歷史上都大大地出了鋒頭。

嵯峨和淳和二人雖非同母兄弟，但手足情篤，性格也很相像。嵯峨皇后嘉智子儀態萬方，是絕代的美人，生有一子一女也都十分俊秀。嵯峨把女兒嫁給了淳和，雖然淳和是他同年齡的弟弟，他卻做了弟弟的丈人，淳和感恩圖報，當了十年的天皇之後，也就禪位給自己的舅爺，嵯峨和嘉智子所生的正良親王了，是爲仁明天皇，仁明又轉過來冊立了淳和和他姊姊所生的恆貞親王爲皇太子。

嵯峨爲人謙沖好學，能詩能文之外，還寫得一手好字，在日本和僧空海、橘逸勢，號稱三筆。他晚運尤其美滿，自己的嫡子做了天皇，外孫也立爲皇太子，可稱全福。不過他死了之後，便禍起蕭牆了。

國丈攝政

葉子之亂後，日本享有了三十多年的太平日子。一代福人的嵯峨上皇雖然退居幕後，但是由於兩代的後繼人，弟悌子孝，對他十分恭順，一切大政仍取決於他，所以隱然還是政治的中心。到了愛子仁明天皇的承和九年，嵯峨五十七歲病逝。三天之後，變生肘腋了。

仁明天皇冊立的皇太子是淳和天皇和皇后正子公主所生的恆貞親王，淳和死後，一直為嵯峨所鍾愛，可以算得是嵯峨的嫡系，皇室的純種，但儘管是純種，在權力鬥爭之中，祇要是後台無力，便被人欺了。

仁明的長子道康親王是藤原冬嗣的女兒順子所生。藤原冬嗣以平葉子之亂有功，累升為右大臣，終其生為嵯峨、淳和兩朝所倚重。嵯峨為酬勳報功，和冬嗣結為兩重的親家，將冬嗣的女兒迎來為愛子之妃，又將自己的親生女潔姫下嫁冬嗣的兒子良房。良房是個標準的青年才俊，十一歲時為駙馬，開日本以非皇族而娶皇女的特例。藤原冬嗣逝世時，良房才二十三歲，淳和天皇追念舊臣，把良房登庸入朝為官，而他以才能出眾，不久便平步青雲，到了仁明即位時，他已位居參議，預聞朝政了。

仁明受禪時，雖然遵從父命撇開了自己的親生子，而以堂房弟弟淳和的嫡子為皇太子，但心中總有些未甘，尤其皇后順子的親親眷眷，除了良房之外，藤原的子孫還有五六人都位列朝中的要職，他們一致認為道康親王應該繼承大統，而恆貞親王有僭越之嫌，這種令人窒息的壓力，東宮方面焉有察覺不出來的道理，不過藉上皇的威德受到了若干的庇護，勉強苟安一時，偏偏這時上皇歸天，登時大樹飄零了。

東宮的帶刀舍人伴健岑，是皇太子的心腹，當然心焦如焚，他和一位外交官、書法名家、身任但馬守的橘逸勢是知交，而橘逸勢又仗著是皇太后嘉智子的遠親，以為可以得到一些援引，居然大膽地議定請皇太子離京出走，避到橘逸勢的領地，再做道理，不料謀洩，伴健岑和橘逸勢都下獄論罪，皇太子恆貞親王也連帶被廢為庶人，改立道康親王為太子。

在這一場騷動裡，藤原良房以功晉升為大納言，地位僅次於右大臣。除了榮膺大納言之外，又兼任陸奧、出羽兩道的按察使，同時又是右近衛的大將和民部卿，是文官又是武將，是中央大員又是地方長官，裡裡外外的大權，都總攬在一身，可稱位極人臣，外戚的地位已經穩固非常。但是人類的欲望永無止境，良房意猶未愜，他自己雖然已是駙馬，想進一步做皇太子的丈人，乘道康王還沒有宣命正妃之際，把他和公主潔姬所生的女兒明子送了過去為妃，親上加親，和皇室更拉近了一層關係了。

事實上皇太子早就有了妻室，是累代公卿紀名虎之女靜子。夫妻之間情感甚篤，已經生有三子，長子惟喬，尤其聰明伶俐，爲皇太子所鍾愛。但是良房別有用心，他不管人家的家庭是否美滿，自己的女兒是否願意，硬成了婚。懦弱的仁明天皇也祇有同意，道康親王更樂得做了齊人。而良房由此聖眷更隆，受命爲右大臣，承襲了他父親的地位了。

儘管當時的日本民間，已經受不了上層貴族的剝削，農家都罷耕出走群起爲盜，但是皇室還盡情地享受，仁明四十歲已大做其壽，各方的賀儀絡繹於途，其中以良房的餽贈最爲出色，據日本史書的記載，「集水陸珍奇之萃」，並且約定了明年花信，請天皇行幸到他花園裡去賞櫻，無奈這一簡單的約會竟不能實踐。仁明當年年底，因爲京中的饑民擾攘，親自出巡冬賑，不料因此獲病，久久不癒，到了第二年的三月病革，他爲了求菩薩的保佑，特地落髮爲僧，卻可恨閻羅王並不徇情，就在櫻花初放的前夕，請他到地獄裡去了。仁明以四十一的壯年撒手人寰。皇太子道康親王即位，是爲文德天皇，文德本來屬意立長子惟喬親王爲皇太子，懾於老丈人良房的淫威，祇好冊立出生才九個月的惟仁親王爲皇太子了。

良房的地位又躍進一步，身居國丈了。不過那時和良房同班列朝的，還有左大臣源常，源常是嵯峨天皇的皇子，賜姓源，降入臣籍的，事實上是皇胤貴胄，並且，朝中除了源常之外，源氏子弟位居要津的還大有人在，所以雖然史書上說他「容儀閒雅，言辭和順」，是位謙謙君子型的人物，但目空一切張牙舞爪的良房也不敢任意猖狂放肆，因此尚能相安無事。

不幸到了文德即位後三年，源常病故了，於是良房便大權獨攬，從此日本的天皇便一蹶不振，變爲權臣玩弄的偶像，是象徵性的元首了。

左大臣源常一死，身爲右大臣的良房理應遞補遺缺任左大臣，但他不屑爲，唯命是聽的文德天皇晉封他爲太政大臣了。自從稱德天皇任命道鏡和尙爲太政大臣以來，虛懸已久了，這時文德爲了博取老岳丈的歡心，恢復了日本最高的官職，可憐他仍然難保性命，到了第二年的八月，文德天皇忽然得病，不能言語，不數日，便糊裡糊塗地嗚呼哀哉了。得年僅三十二歲。他的兒子惟仁親王這時還不滿九歲，便踐祚稱帝，是爲清和天皇。

太政大臣藤原良房奉遺詔攝政。以人臣而攝政，在日本歷史上是由良房始。他是天皇的外祖父。

良房雖然位極人臣，富貴雙全，卻有一大欠缺。縱然妻妾如雲，但他衹和公主潔姬生了一個女兒明子，嫁給文德天皇，此外就別無所生了。他衹好由他哥哥長良那裡抱了一個孩子爲嗣，取名基經，而恰巧他家風水好，基經長大成人之後，十分優秀，是塊上好的材料。良房滿懷喜悅，一心一意地培植他的後繼人。

良房攝政期間，儘管日本的農村凋敝窮苦萬般，但是上層社會仍然盡情享受。良房和他的兄弟良相，一個是太政大臣，一個是右大臣，輪流陪伴著年輕的天皇到處遊玩，而十幾歲的天皇，正是貪玩的時候，有這樣的好環境更是樂不可支，良房在他原來已經布置得極爲幽雅，廣植花木的庭園裡，又興起了一座豪華的大樓，名爲染殿第，四周還有亭台池沼，可以垂釣，可以遠眺，可以騎射，是年輕人遊樂的好去處，到了貞觀八年的春三月，天皇十七歲了，良房請天皇到染殿第來賞櫻，除了天皇，他又去邀了一群小朋友來作陪，他們賦詩詠歌之外，良房又準備了各項餘興節目，有音樂有舞蹈，飲宴之盛，也前所未有，眞是快樂之極。

不過樂之極矣悲將至，幾天之後忽然發生了一件怪事，大內平安宮正殿前，有一間大殿，名爲應天門，是一切重大慶典舉行之所，不但內部裝飾得富麗堂皇，並且在殿外還有棲鳳翔鸞兩間靈巧的樓房形成雙翼，在外表看來也自成格局，十分壯偉。不料就在那年的閏三月初十夜，突然應天門發生大火，並且延燒到棲鳳翔鸞兩樓，竟等不到救火的人到來，一霎時全部化爲灰燼了。

這件事顯而易見是有人縱火，良房雖然嚴命偵查，但是到了七月裡，還一點線索也沒有。那時人心惶惶，認爲是天降大禍的預兆，上上下下都求神拜佛忙做一團。這時有一天官居大納言的伴善男，忽然密訪良房的胞弟右大臣藤原良相，說據他所得到的消息，放火的人是左大臣源信。良相對源信早存嫌隙，尤其源信阻礙了他的前程，否則他便可以晉爲左大臣，與乃兄一字並肩了。他聽了伴善男的話，便夤夜將自己的姪兒、手下擁有兵權的參議左近衛中將藤原基經叫了來，要他立刻派兵包圍左大臣源信私邸，以縱火罪把源信扣押。幸虧基經做事謹愼，不敢造次，退出後便連忙覲見他寄父太政大臣良房，一五一十地報告了出來。良房大驚，不過那時風聲走漏，知道的人已經不少，祇好馬上進宮呈奏天皇道：「左大臣源信有功於國家，現虛實未判，不宜驟加誅戮，倘蒙降罪，即請先誅老臣。」他這番話，使得源信聽到了感激涕零，並且也沖淡了他兄弟良相的魯莽。風波雖然暫告平息，不過大家的疑心反而集中到了伴善男的身上了。何以伴善男無緣無故地要造謠害人，幾乎把左大臣置於死地。

果然到了八月裡，有人供說是伴善男的兒子伴中庸，指揮著幾個伴家和紀家的人幹的。於是就抓了伴、紀兩家很多人，嚴刑拷打之後，一一招供了，確實是伴善男的指使。到了九月底，審訊的結果，伴善男父子以及伴、紀家的從犯等五人議斬。特邀恩赦，減死一等，遠處流刑。本案雖然結束了，不過當時就有人替伴、紀兩家暗中呼冤，逮捕去的人可能是屈打成招，究竟是誰放的火至今還是個謎，奸詐絕倫的良房，利用機會把在朝為官的伴、紀兩家，打擊得喘不過氣來，同時又大大結恩於源信，使得源氏子孫個個感恩圖報，抬不起頭來。而最得一般激賞的是基經，一致認為他年少老成，處事有方，於是，他便因功由參議之職躍升為中納言，年方三十一歲。

也在這一年他的胞妹高子被選進宮，為清和天皇的妃嬪，於是基經和天皇成為郎舅，又加了一層外戚的關係了。

又過了六年，在應天門的廢墟上，又鳩工興建，恢復了舊觀，落成之日，攝政的太政大臣藤原良房還親臨祭禱，回鑾之後，便覺不適，一直咳嗽，拖延到第二年的九月，以六十九歲的高齡逝世了。

他雖然死了而羽翼已成，接棒的人早在等候，基經那時祇三十七歲，卻已經位居右大臣了。

清和天皇自從良房死了之後，理應振作起來自己親政，但是他從小被外公慣養，一切有人替他作主，如今他驟失依靠，心理上無限徬徨，而那時的日本，除了到處盜賊之外，咳嗽流行，一傳十，十傳百，本來咳嗽未曾死人，但是良房的死是由咳嗽開始，哪能不令人心驚！而最令小天皇提心吊膽的是接二連三的火警，並且燒的都是宮裡重要之所，待賢門火災，春宮火災，淳和院大火，冷然院大火，太榮殿燒光，山安殿猛火，蒼龍白虎兩樓和延休堂都化爲火海，幾天不滅。朝廷裡的紫禁軍忙得不可開交，日夜戒備奔馳，宮門外馬蹄之聲響徹雲霄，使得小天皇神經更加衰弱了。

太極殿的大火傷了清和的心，從此都不能上朝了，他決心退位，幾個月以後，他禪位皇太子貞明親王，是他和高子所生的，才不過九歲，和他自己登基的年齡一樣，在他遜位之前，曾經和基經磋商過多少次，郎舅之間無話不談，並且有良房的前例可循。決定清和退位之後，就由基經攝政，輔佐幼帝，是爲陽成天皇。

清和本來篤信佛教，他心目中認爲天降災異，是要他擺脫世俗雜務，退位後便眞的專心禮佛，幾年以後索性落髮爲僧了，他侍奉師傅眞言宗的高僧眞雅之外，便去雲遊各地，走到水尾山覺得風景幽美，便在山裡落腳，建了一所廟宇取名圓覺寺，剛剛落成他便圓寂了，才三十一歲。

清和圓寂之前，基經以功升任太政大臣。那時蝦夷雖然平服，但是夷俘甚眾，他們麕集在出羽地方，由周圍的農民教他們耕種，但是連年的加稅和歉收，民不聊生，於是這批半野人的夷俘又作起亂來，他們居然偷襲了秋田城，將城裡的武器甲冑馬匹全部占有，成爲一支勁旅，大肆掠奪了。基經看事態嚴重，遴派藤原保則任出羽守，專施討伐，不過基經是個聰明人，他知道這次的叛亂，和以往不同，多半是因爲無以爲生，才鋌而走險的，所以力戒保則妄殺，保則又保舉了一名武將小野春風，他們兩人齊心協力地使用懷柔政策，來分化饑民和叛俘，果然慢慢地奏效，經過兩年有餘的軟工夫，全部平定了。

陽成天皇到了十五歲，基經上奏請免攝政，雖然是姿態，但也是一種試探，因爲陽成雖然還是個孩子，卻很有主張，和他父親的性格完全不同，並且精力旺盛而活潑，基經雖是他的舅公，但並沒有特別敬重。基經心中不免芥蒂，基經請免攝政的奏摺沒有邀准，基經就又請辭太政大臣，當然又沒有准，於是基經就不上朝了，一切要政都要送到他私邸裡去報告裁決。這樣繼續了幾個月。幼帝知道了這種情形，明明是舅公在耍脾氣，希望他親自去懇請，他卻偏不去，自己也就從此不朝，基經無奈祇好又恢復視事，但他心中懷恨，要找機會來對付這難以駕馭的倔強孩子了。

這時忽然在大內裡，有個小夥子被人殺死。是陽成乳母的兒子，平時和陽成非常親密，但是傳說是陽成一時性起，把自己的倖臣殺了。陽成對於這一謠言非常氣憤，令人徹查，可是誰也不來理他，年輕的幼帝本來已經就沉不住氣，勉強隱忍未發，碰巧因爲他愛馬，在禁中特地開闢了一塊地方養馬，被基經知道了，立刻趕到宮裡，命令把馬全部趕走，陽成於是大怒，他自己提起筆來，寫了一封退位詔差人送到太政府去，恰好正中基經之計，乘勢就把陽成幼帝廢了。

後繼人選，基經不敢再挑選一個孩子，深怕長大之後又難駕馭，他找到了陽成的叔祖時康親王，仁明天皇的庶出子，和基經是表兄弟，脾氣非常和順，史書上讚美他道：「謙恭寬厚，一族之間，咸多敬仰。」而尤其和他的嫂嫂文德天皇的皇后明子十分投機，明子又是基經所尊重的姊姊。這時這位時康親王已經五十五歲了，在年輕氣盛之後，基經得到一位老成持重的夥伴，也喜不自勝，於是選了一個黃道吉日，時康親王即位，是為光孝天皇。

光孝天皇登基之後的第一件大事，就是請了幾位博古通今的博士來研究太政大臣的職掌，按理光孝是成年人，基經無須代勞攝政了，但是經過幾位博士的研究和天皇親自的指示，下詔道：

> 太政大臣爲朕腹心，統攝内外，以分朕憂，萬政須行，悉以資之，百官奏事，爲先諮稟，如此則朕得以垂拱而治，其各恪遵。

這樣一來，除了朝廷中的儀禮之外，天皇別無所事了，可以說天皇退出了政治。光孝將大權雙手奉讓外，還萬般迎合基經，追封基經的高祖藤原種繼爲太政大臣，又親自替基經的兒子加成年冠，在行禮的時候，不但借用了皇宮的正殿，並且要幾位年輕的親王來獻舞，比起當時的良房來，基經有過之而無不及，良房兄弟那時衹刻意博取仁明天皇的歡心，而現在是天皇來刻意博取基經的歡心了。光孝老帝即位不久，健康便顯著衰退了下來，那時皇宮裡常常有鬼出現，有時化爲非常漂亮的男人，引誘宮女，然後把她吃了。忽然一晚在紫宸殿前，出現了一個數丈長的長人，到處搖晃了一陣，瞬息不見，天皇那時已是五十八歲，染病在床，自知死期將近，他將基經請到床頭，又把第七子源定省召來，左手握著基經，右手指著帝子託孤而亡。

源定省雖然是老皇的親生子，但是已經降入了臣籍，於是慌慌張張地再取消臣姓，列爲親王，就在光孝去世的那一天立爲皇太子，然後立刻即位，是爲宇多天皇。恰巧那天登基的儀式過後，走過陽成廢帝的居室，廢帝望見了他，叫道：「這不就是我那傭人源定省麼？他怎麼也做起天皇來了！」宇多充耳不聞，笑罵由他，也全靠他忍耐的工夫，和基經搭檔了。

儒士的悲哀

儒弱的人主，遇到了權臣，唯一的辦法祇有俯首聽命，任其擺布。宇多天皇本非皇胤嫡系，按理輪不到他來繼大統。他自己也從來未敢存有奢望，但是運氣來時，城牆也擋不住，富貴逼人逼他驟登大寶，他除了喜不自勝之外，也免不了有如履薄冰、如臨深淵之感。

第一件大事便是召請當時的碩儒橘廣相來，用漢文爲他起草詔書賜給攝政的太政大臣藤原基經，要他十足地拍一頓馬屁。橘廣相奉旨之後搜索枯腸，果然擬了一篇好文章，內中寫明了「事無巨細，百官總己，悉關白太政大臣，然後奏下」。意思是一切朝政大權，都奉獻由太政大臣決定。基經奉旨之後，當然也要再四上表謙辭，宇多又再執意不肯，如此者交換了幾次文書，而宇多的詔敕，都是由橘廣相一手經辦，不料在最後的一道詔書裡橘廣相想特別要好，引用了《詩經・商頌》裡「實維阿衡，左右商王」的典故，寫道：「宜以阿衡之佐，爲卿之任」，他的原意是以伊尹來比擬基經，可謂恭維之至。哪知偏偏就有山人在旁，乘機向基經進讒道，「阿衡」在古代中國是個沒有實權的高官，恐怕天皇是請您歸還政權了。基經聽了果然多心，他就從此不朝。宇多本來就有自卑感，馬屁沒有拍著，反而拍到馬腿上，使得他坐臥不寧，寢食難安，惶恐得不知如何自處。而那倔強的讀書人又不肯自己認錯，他寧可在殿上和那些指摘他的人公開論辯，經過幾次舌戰，毫無結果，僵持了半年之久後，還是由宇多自承讀書未通，用典錯誤，才將此一死結解開，其間虧得有一個人代爲轉圜，此人是三代通儒的菅原道眞。

道眞的祖父清公，父是善，都是有名的學者，文章作得極好，他幼承家學，能詩能賦，也極有見識。他父祖三代都替人捉刀，頗負時名，當時最難得中的「方略試」他很輕易地通過，除了就任官職之外，又兼任了文章博士。文章博士等於是公認的學人，地位非常清高，他獲得了這樣的榮譽時，才三十三歲。「阿衡之爭」，他方任官讚政的太守，不在京中，風聞到此事便藉故趕來，上書基經，希望基經不要苛責讀書種子。他筆下生花，一千七百餘字的大文章，寫得盡情合理，使得基經恍然醒悟，不再執拗，本來橘廣相還應當獲罪，也因爲道眞的這篇文章而得了赦免，但他氣量小，終於嘔血而亡。尤其感激道眞的是宇多了，由此奠定了宇多天皇和道眞的友誼。

權臣太政大臣經過這一回合之後，越發驕橫了。他爲了布置他自己的後繼人，舉薦了他的長子時平任藏人頭，又將他的女兒溫子送進宮裡爲宇多的妃嬪，完全學他繼父的作風，他的兒子時平，年紀雖輕，卻俊秀異常，是個幹勁十足的小夥子，有魄力也有見識。藏人府是當時的最高特務機關，藏人頭者，便是該機關之長也，擁有極大的生殺之權，宇多徒有天皇的虛名，祇能在權臣父子的夾縫中，戰戰兢兢地勉強偷生，可以算得是個可憐蟲。但是他的運氣卻十分亨通，「阿衡之爭」後兩年，基經便病倒了，纏綿病榻到了翌年的元月，這位極難伺候的權臣，到陰間發脾氣去了，行年五十六歲。他的兒子藏人頭的時平，才二十一歲。

基經身死後，宇多天皇如釋重負，他不費吹灰之力恢復了天皇的大權，親政了。不過宇多也還穩健，深知藤原氏的勢力深植在朝內，所以也不敢大刀闊斧地硬幹，首先安撫基經的後人，追贈基經諡號曰「昭宣」，以王禮來葬送。基經的長子時平升任爲參議。並起用了藤原保則，保則原來是基經所舉薦的人，以平定叛夷有功，一直任外官，以良二千石聞於世，這時召入中樞預聞大政，時論最爲讚美，認爲宇多天皇知人善任。半年以後，宇多又引進了菅原道眞補時平所遺的空缺——藏人頭。這是他酬庸排難解紛的人，自己看中了的親信，不久也提升他爲參議了。

宇多的年號是寬平。在寬平初期，雖然民間已經十分窮苦，所幸宇多所起用的這幾位大臣，都有人望，所以普遍有著一片喁喁望治之心，而且他們也都能忠勤任事，宇多本人也還能謹愼小心，安於儉樸，所以沒有出什麼亂子。在日本歷史上，居然稱之爲寬平之治。不過經過幾年的太平日子，宇多心滿意足，既無天災內亂，又無權臣挾制，他開始縱情尋樂了，遊宴出獵變成他的日常生活，竟然把當初的困境忘得一乾二淨，天賜的大權沒有放在心裡，而專門去徵逐酒色了。

到了寬平七年情勢有些變動，首先是廟堂之內最具人望的藤原保則去世了，接著是元老左大臣源融也死了，繼任的左大臣藤原良世就職不到一年也告老還鄉了，朝中最高的宰輔輪到了右大臣源能有，而僅次於源能有的地位，便是二十六歲的時平，那時已官居大納言了。右大臣源能有偏偏沒有福分，任官還不到一年，就一命嗚呼，朝中大權很自然地落到了時平的手裡。

宇多天皇這時才發覺不妙，深怕又要受制於人，而自己又沒有勇氣來和時平鬥法，想來想去，三十六計走爲上計，抄襲他老祖宗躲避冤魂的故技，禪位給皇太子了。那時皇太子還小，但也顧不得許多，就急急忙忙先在清涼殿裡替皇太子舉行了成年大典，然後又在紫宸殿上禪位。好不容易恢復得來的皇權，又交回到藤原氏的掌握之中了。

在他決定禪位之前，曾經數度和他的心腹道眞密圖過多次，可憐道眞也祇是個十足的儒生，以仁義爲懷，不屑行譎詐，不懂權變，君臣二人面面相覷，想不出更妥善的辦法來，祇有在權勢之下屈服。宇多本來子女很多，但他故意挑選了十三歲的敦仁親王爲嗣，因爲敦仁的母親是藤原家裡的小姐胤子，是時平的堂房阿姊，以敦仁來繼承，很顯然是在向時平結納討好，求得一些保障。歷史於是重演，時平又以外戚的姿態出現，升任左大臣，道眞爲右大臣，二人奉詔輔佐幼帝，宇多退位爲太上皇，那年他才三十一歲。皇太子敦仁親王即位，是爲醍醐天皇。

宇多禪位之後，渾身通泰，他以爲把國事幼主交託了足堪信任的道眞，自己便能一味地享樂了，於聲色犬馬之外，又到各處去巡行，忙得不亦樂乎，而道眞除了一秉愚忠，謹愼地上班打卡做好公務員之外，還一心一意整理他父親的文章和他自己的作品，彙總起來成爲專集，名之爲《菅家文章》，他認爲這是他家垂傳萬古不朽的大業，所以對於一肚皮詭計的藤原時平絲毫沒有戒備。恰巧宇多上皇遊宴了一年多以後，忽然又想出新花樣，皈依佛門起來，他特地到仁和寺出家爲僧，每日坐禪學道，摒除一切俗務，往日他喜歡舉行的詩會也中輟了，在宇多雖然衹是心血來潮的一時高興，但是道眞卻從此覲見無由，失去了靠山。時平看時機成熟，暗中又勾結了天皇遠房的叔叔，這時位任大納言的源光，向幼帝進讒，密告道眞別有野心，企圖廢立，已經取得上皇的同意，擁戴皇弟齋世親王爲帝了。十七八歲的醍醐天皇，哪裡禁得起這樣的恫嚇，一時失去了主張，衹有聽憑自己的娘舅來斷處了，這位娘舅也便毫不客氣，傳旨貶道眞爲太宰府的權帥，太宰府遠在九州，在當時是萬里投荒，是充軍，他所遺的右大臣一職，就由大納言源光遞升了，五天之後宇多上皇聞悉此事，想趕進宮裡向天皇緩頰，居然被禁軍擋駕，衹好怏怏而返。

道眞受了一肚皮的冤屈，被人誣陷欲訴無門，叫天天不應，呼地地不靈，衹有飲泣就道，而他的妻兒老小也一起掃地出門，各自分散，好不容易到了戍地，他第一首詩寫道：

離家三四月，淚落百千行；

萬事皆如夢，時時仰彼蒼。

他在太宰府過著十分淒涼的日子，他連為了什麼緣故而被謫，都不十分清楚，回想當年的榮華盛況，又有一首詩道：

去年今夜侍清涼，秋思詩篇獨斷腸；
恩賜御衣今猶在，捧持每日拜餘香。

一個忠厚純良的儒臣，畢身盡瘁，一頭腦的忠孝仁愛，沒有料到人世間污穢齷齪的程度竟會忍心地致好人於死，尤其到了垂暮之年，驟然蒙此不白之冤，當然無以自解。讀他以上兩首詩，知道他沒有勇氣反抗、奮鬥，他認輸，他瓦解了。在太宰府一年有餘，他受不了心理上的折磨，便逝於謫所。老百姓對他被竄逐而死，十分同情，他那間又小又破的屋子，雖然修整過不知多少次，至今依然東倒西歪地保持原樣任人憑弔，至於他所種植的三株飛梅，現在卻已鬱鬱蔥蔥成林一片了。

時平逞一時之快，把政敵加上了莫須有的罪名，活活害死，良心上也深感難安。說也奇怪，道眞死後，接二連三的幾年都是荒年，繼之而來的又是瘟疫橫行。尤其民間傳說道眞死後，他的冤魂不散，被封為雷神，遇到世上不平事，就讓他去大發雷霆，每逢雷雨交加之日，大家都會奔走相告，說是上天遣道眞降懲了。這當然對於時平是一種無上的打擊。有一天朝廷在清涼殿上集議的時候，忽然落了一個大霹靂，震得屋瓦齊飛，天皇失色，侍從四散，有人高呼道眞顯靈了，時平那時恰好也在座，他霍地躍起，拔出他的佩刀，厲聲喝道：「你生前就位在我下，現在還敢來挑釁！快給我滾！」經此一喝，雷聲果然慢慢遠了，時平雖然還有勇氣當眾大喝，究竟不過是色厲內荏，他禁不起常有的迅雷，清涼殿霹靂之後，沒有兩年便病歿了，得年僅三十九歲。良心終於沒有饒過了他。

時平雖死，但是天災和疫癘並沒有減少，尤其時平生前所擁立為皇太子的保明親王，忽然病死，於是朝中上上下下都認為道眞的冤魂在尋仇。醍醐天皇沒奈何，祇得下詔恢復了道眞右大臣的原官，並且追贈一級以慰亡靈，以爲這樣可以平安無事了，誰知繼保明親王之後，所立的皇太子慶賴王，不到兩年也夭折了。宮裡又大起恐慌，經幾位高僧研究，判定這次是時平的冤魂在吃醋了。不得已又由出了家的宇多上皇來主持一次法事，超度時平，誦經禮拜，一連幾天，以平息時平的怨氣。

承繼時平的是他的弟弟右大臣忠平。忠平的才幹雖然不如乃兄，但爲人寬厚，沒有心機，和皇室也能相處，那時日本屢經荒歉，十分蕭條，但也維持了二十餘年的太平，到了延長八年，天大旱，幾個月滴雨不下，田裡禾苗枯焦，到了六月二十六日，朝廷的公卿齊集清涼殿商議祈雨的時候，忽然烏雲大起，剎那間一聲霹靂，殿上的大柱起火，議事的幾位大臣很多都被雷擊中，當場慘死，有的朝衣盡焚，變成一具裸屍；有的毛髮皆光，面目全非，有的前胸燒成黑灰，景況異常可怖，有些人沒有死的也發了狂，醍醐帝當時也在座，雖然沒有事，但也飽受驚嚇臥床不起，不久便感染了當時的咳嗽，到了九月他已命在旦夕，遜位給八歲的皇太子寬明親王，七日之後便歸天了，死時四十六歲。

天慶之亂

醍醐天皇末期，日本全國都遭遇到水旱疫疾的侵襲，各種災害連綿不絕。這是全世界都蒙受禍亂的時期。在歐陸東羅馬帝國逢到空前的大饑荒，野蠻民族乘機四起，不但殺人掠地並且稱王稱帝，根本搖動了東羅馬帝國的基礎。而在中國，則盛極一時的大唐，這時在混亂之中亡了國。繼起的後梁、後唐都不爭氣，自相紛擾，二十餘年間沒有一天太平，老百姓在驚慌恐怖之中苟延殘喘。這眞是一個大黑暗時代。

醍醐天皇因爲殿前忽然落雷，受驚臥床之後，又感染了咳症，自知不起，便讓位給八歲的皇太子寬明親王，下詔命左大臣藤原忠平攝政，寬明親王即位是爲朱雀天皇。七天以後醍醐便歸天了。

日本自從藤原良房開始攝政以來，接連幾代天皇，都是由藤原父子以外戚的身分攝政，醍醐算是僅有的例外，一生之中有一個短期間，脫離了羈絆，親政了三十幾年，這時又恢復了原樣，由藤原氏攝政了。

不過藤原忠平和他的父祖不同。雖然大權在握，卻爲人忠厚。天皇是他的外甥，朝中內外都是藤原祖孫三代所培植出來的親臣宿將。至於他自己的享用，不論是車騎居室、後宮花苑早已擬於皇室，所以沒有篡奪的必要，也就是因爲這個緣故，日本從來沒有出現一個王莽、一個曹丕，而能保持了那所謂的萬世一系的皇統。但也並不是完全沒有風波，野心家自以爲應了符命，想躍登大寶的，大有人在。正當全世界都瀰漫著殺機的時候，日本也發生了一些內亂，在東有平將門之亂，在西有藤原純友之亂，規模與範圍都不能算小，而時間也有十年以上，在日本歷史上稱之爲天慶之亂。

朱雀天皇即位之後，盜賊已經開始流竄，連首善之區的京都，入夜都不能不施行宵禁。至於稍微偏僻一點的內陸或海濱，可以說是到處搶劫私鬥。這些當然還沒有能威脅到政權的存在。當時的日本當局者，蒙起眼睛，一味講求逸樂，追逐奢侈，一直到平將門和藤原純友反象畢露，才如夢初醒，震撼了起來。

平將門出身皇族，他的祖父是桓武天皇的曾孫高望王。降入臣籍，賜姓平，改爲平高望，膺命任上總的太守，從此移家上總。因爲他是皇親國戚，所以與普通的地方官不同，威勢所及，祇須稍微濫用一些職權，便可以得到很多便宜，他於是吞併了很多土地，成爲上總地區的豪門。他子息很多，長子國香，次子良兼，三子良將，四子良廣，五子良文，六子良持，七子良茂，其中長子國香和三子良將，都當過陸奧鎮守府的將軍，在地方上十分烜赫。高望死後，他的七子個個在鄉曲之間依然耀武揚威，那時日本的朝廷競尙奢靡，上有好者，下必甚焉，一班豪族爲了享受，想盡了辦法來搜括以自肥，尤其降入臣籍的皇族，更是肆無忌憚爲所欲爲。人類的弱點，是貪婪的習慣一開，便如脫韁之馬，難以自戢。平家兄弟自立門戶之後，仍然到處呑併，呑併到無可呑併的時候，祇好呑併到自己頭上來了。

國香有個兒子名叫貞盛。良將也有個兒子名叫將門。這兩位少爺，不但都是將軍之後，並且同樣都喜歡騎馬射箭，學得一身好武藝，他們二人雖然是堂兄弟，但是從小就互相猜忌，不能相容。成年之後，兩人又都到了京都，分頭去施展他們鑽營之功。貞盛左鑽右鑽，鑽到了左馬允的職位。是從七品的小京官，專門訓練與養飼御馬的。而將門則謀到了太政大臣藤原忠平的門下，當一名捧名冊的侍從。他原想耐心等候，藉忠平的大力求當「檢非違使」，偏偏忽丁父憂，不得不返回家去奔喪，從此斷了他倖進之路。

他回到家中，料理父喪之後，承襲了遺產和聲勢，再加上他自己在太政大臣家裡做了幾天的隨從，便狐假虎威在家鄉儼然成爲一霸了。在他的鄰地還有一家豪族，是以前曾經出任過常陸地區的大椽——源護。源也是皇族的後裔，降入臣籍的賜姓，這位源護不但是皇胤貴冑，並且是將門的二伯父良兼的兒女親家，大伯父國香的好友以及從小就是對頭的貞盛的岳丈。將門爲了一塊土地、一個美貌的侍女，和源護爭執起來，雙方互不相讓，越弄越僵，而年少氣盛的將門，憑他一身的武功，帶領了他手下的家丁佃戶氣勢洶洶地衝到源護的領域裡來，源護聞訊也不示弱，排開陣勢來迎敵。將門的伯父國香這時官居常陸的大椽，是源護的後任，前後任異常投機，對於這凶悍的阿姪十分氣憤，認爲非給他一點教訓不可，於是也點起兵將來助戰。哪知將門眞是個將門之子，驍勇異常，一馬當先揮動大刀，把源護、國香的聯合陣線衝殺得七零八落，在混戰裡他殺得性起，把自己的親伯父國香以及源護的三個兒子，都一古腦兒變爲他刀下之鬼，他還不肯罷手，又將源護屬領內的五百餘家也全燒成一片瓦礫場。將門的二伯父良兼那時官居下總的太守，負地方上的治安責任，當然義不容辭，提兵趕來鎮亂。將門不顧伯姪的情誼，來了一個迎頭痛擊，總算良兼還逃得快，免了一死。此事報到了朝廷，朝廷也爲之震驚，馬上下令召源護和平將門雙方都到京都來對質，將門奉到了命令不敢違抗，乖乖上京聽候發落。本來他不過是一介武夫，胸無點墨的粗人，被朝廷的威儀所震懾，不敢不來。哪知來到了京都之後，朝廷並沒有降旨處分，並且沒有幾多時便逢到了朱雀天皇的成年大典，特邀恩赦放還田里。而他在京裡的時候，很多人來誇他的英勇，引發了他的驕橫與對朝廷的輕視，他回到家鄉去之後更不可一世了。

他的堂兄貞盛本來已經恨他入骨，現在再加上殺父之仇更是不共戴天。同時二伯父良兼以爲將門入京之後必受嚴懲，不料將門居然又大模大樣地跑了回來。於是二人計議乘將門剛自京都歸來，一切沒有準備時來個突襲，果然把將門的丁將殺得落花流水，但是並沒有能傷得將門分毫。他退到猿島郡的石井邨後整軍再戰，將門似有神助，衝進了良兼和貞盛的陣營裡，猶如虎入羊群一樣，大獲全勝。貞盛感覺到以私鬥的方法，無法解決將門的猖獗，想偷偷西上，以左馬允的身分來控訴將門反叛。但行至中途又被將門截殺一頓，他手下百餘騎全部被殲，幸而貞盛武藝高強，被他隻身逃脫了。

到達了京都之後，貞盛便叩闕陳情，把將門的罪狀一五一十傾吐了出來，並乞賜「官符」請纓討伐。居然准如所請，領到了「官符」。「官符」雖然祇是一紙文書，但是到了地方上，卻有功用，除了證明身分之外，還可以動員現地的武力兵丁，供他調度。貞盛請得「官符」之後，又回到了坂東地方。但是這時坂東八國（省）的形勢已經大變，完全在將門的威力籠罩之下了。八國的官員懾於將門的氣焰，對於將門逢迎尚恐不周，誰還肯替人去打抱不平，捋虎鬚找麻煩呢！貞盛不但到處碰壁，並且隨時隨地都有被人暗算的可能，他祇有隱藏的一法了。

將門在他勢力範圍內，立定了腳跟之後，又想向西拓地，正好鄰國的「武藏」，因爲官方所派的國司和地方上的豪族發生了衝突，兩方準備以兵戎相見了。將門聞訊馬上藉口調解，領兵到了武藏。土豪立刻表示願意接受，國司也無異言，於是大擺宴席，慶祝調解成功。在雙方飲酒作樂的時候，豪族的兵丁們偶爾發現在附近的山林裡，有一夥人鬼鬼祟祟地窺探，以爲是歹徒有所圖謀。不管三七二十一，乘黑夜裡他們就掩殺了過去，殺得個痛快，把那一群人殺得精光，祇溜走了爲首的一個，此人便是國司的副將，他奉命帶隊掩護以備萬一，所以埋伏在山林地帶裡候命。在雙方交涉時，他沒有露面，而調停成功之後，又不好意思請他出來參加慶賀，竟至鬧出這樣的大誤會。而這位副將遭遇到突襲，以爲是將門和豪族合流把國司解決了，他倉皇奔回到京中，告發將門謀反。狀子告到了太政大臣藤原忠平之前，忠平對於自己的舊屬多少有些偏袒，於是下令將門申辯。將門這次十分乖巧，他奉到旨令之後，不做任何答辯，轉請了坂東各大國替他洗刷。果然常陸、下總、下野、武藏、上野等五國的太守都紛紛替他開脫，保證將門絕無反狀。有了五國的保證，朝廷當然也不再深究了。

將門的仇人良兼和貞盛聽見了五國的太守都昧著良心，左袒了凶賊，十分沮喪，復仇的希望從此越發渺茫，連藏身之所都有了困難。良兼年事已高，一向享受慣了的，這時落得個家破人亡，他禁不起打擊染了疾病，一天路過一座廟宇，他頓萌出家之念，叩見了方丈，請求落髮爲僧，剃度之後不久，還是一命嗚呼了。剩下了貞盛孤零零一人，雖然身懷「官符」，可恨已經沒有人敢理他，祇好東藏西躲，再等機會了。

自從得到了五國太守的支持之後，將門就越發囂張了。他以包庇土豪劣紳、抗拒繳納公家的稅收自命，而自從他有效地調解了武藏國的紛爭之後，聲名大起。各地的惡霸都倚他爲靠山。常陸國有個大地主，是太政大臣藤原忠平的遠親——藤原玄明，一向自以爲是當朝宰相的姻戚，大膽抗繳一切稅額，誰也奈何不得。遇到了一位新任的太守，也是藤原家的族人藤原維幾，看到自己族裡人這樣跋扈，大起反感，認爲此風不可長，決定好好修理他一下，於是下令拘捕。玄明聽到了風聲，馬上攜家帶小率領了眾莊丁，星夜投奔到了將門的寨子裡去，路過「行方」、「河內」兩郡的官倉，他索性命令家丁劫倉，把貯存的米糧全部搬光，作爲他贈送給將門的見面禮。將門大喜，把他們一家都收留了下來。

身爲太守的維幾，當然不能就此干休，率領了境內所有兵卒，據說有三千之眾，浩浩蕩蕩地追趕而來，奔到將門的境內，將門早有準備，便開寨迎敵，他匹馬單刀，首先衝殺，從人也個個爭先，把三千之眾在頃刻之間殺得四面鼠竄，把太守維幾也生擒了過來，他又乘勝追擊，一直攻進了常陸國的國府，把大印也奪了回來。常陸國不但失去太守，連大印都丟了，臨時想要發號施令，都無從行文了。雖然將門逞了一時之快，但這卻是眞正的反叛行爲了。將門知道大錯已鑄，一不做二不休索性大幹一場了。他於是由常陸轉兵再攻下野國，也勢如破竹，擄了太守，搶了大印，然後再去攻上野國，同樣的擄官搶印，兵麾所指，望風披靡，他眞是好不得意，疑有天助了。

他占領了上野國時，在太守官衙的大廳裡開慶功宴的時候，忽然闖進一個婦人來，看見將門便立刻倒地，一瞬間又霍地跳將起來，口稱是八幡大菩薩的使者，說道：「朕茲授平將門以皇位，已令右大臣菅原道眞統率八幡大菩薩八萬大軍相佐。現應立即以三十二相之鼓樂迎奉，欽此。」

菅原道眞那時死亡已久，是有名的忠貞儒臣，爲官清正，爲老百姓所愛戴，卻無緣無故被奸佞所害，遠謫異域，抑鬱以終。日本民間十分懷念他，他死後上天便封他爲雷神，專替世人打抱不平，幾乎是家喻戶曉的傳奇人物，而恰巧這時當朝的宰相太政大臣藤原忠平，便是奸佞之後，如果死而有知應當向他尋仇。因此有了菅原道眞的靈魂率領了八幡大菩薩的八萬大軍，應該是所向無敵，藤原忠平的政權是垮定了。巫女簡單的幾句話，使得將門的軍心大振。當下將門和他手下的兵將都羅拜受命，將門也便不客氣，立刻即了帝位，號稱新皇，即席大封功臣，除了坂東八國的太守，都改派了由他自己的親友或弟兄來擔任外，也任命了左右大臣，並且暫定他自己的家鄉石井爲首都。

叛報到了京都，老攝政和小天皇都嚇得魂不附體。日本自從嵯峨天皇以來，久不知兵。數十年來都是安享太平，國家大事祇不過是舉行各式慶典，藉機來徵逐酒色而已。想不到此時忽然東面有將門作亂，西面還有藤原純友在沿海掠奪，眞是到了處處可危的局面。連日朝議的結果，請出一位老參議藤原忠文來，他行年已六十七歲，老成持重深通謀略，拜他爲征東大將軍，討伐將門。至於西面的海盜，則另外舉一位名臣之後——小野好古去平定純友。同時把將門和純友兩人的尊容，畫影圖形張貼通衢，誰能斬了或生擒該二賊之一者，賜五品官。公告傳出之後，大感興奮的便是貞盛了，他委屈了這麼多日子，現在總算出了頭。

老謀深算的征東大將軍藤原忠文，發現將門有個死敵，就派人去找貞盛，最初所得到的報告是：「該員行蹤飄忽，有如浮雲，飛來又復飛去。」其實他何嘗願意行蹤飄忽呢！而是將門追逼得太緊。英雄識英雄，在將門的心目中，祇有他這位堂兄才是勁敵，絕不能放過，所以他派遣爪牙，嚴密偵察貞盛的行動，總算貞盛命大，趕來捉拿他的人，每次都遲來了一步撲空。貞盛的妻小卻逃避不及，被將門捕獲，不過將門究竟還有人性，不忍加害，把他們安全地送回到老家去了。

貞盛和征東大將軍聯絡上了之後，受命爲先鋒，他於是由地下轉出地上，積極地和各地方首長接洽討賊了。剛好時屆春耕，將門手下的兵丁實際上很多都是佃農，不能不事生產，所以逼得將門不得不暫事休息。而貞盛所統帶的是兵勇，是職業傭兵，在這一點上貞盛占了便宜，他憑了他的新頭銜，便去聯合了下野國的押領使藤原秀鄉，企圖去突襲將門。將門聽到了貞盛有了新任命，雖然也有戒備，卻沒有料到貞盛的行動有這樣快。一天他帶領了少數鐵騎，偵察貞盛的動靜時，在一個山頂上遙望有黑壓壓的一群人，向南蠕動，他料到必然是敵人來進擊，於是憑他的神威，一馬當先衝入敵陣，以爲敵人必然潰散，但是出乎他意料之外，並沒有亂了陣腳，將門雖然英勇，但是究竟人少，難以取勝，殺了一陣，便又如風似地退走了。這一戰給了貞盛很大的信心，號稱天下無敵的新皇，並沒有能將他的士卒嚇倒。於是他厲兵秣馬，激勵部屬，決定和將門拚個你死我活了。

將門因爲自己的佃戶一時還沒有集攏來，不利速戰，他就率眾退回到他的老營裡去了。在戰略上他也因此吃了虧，由機動出擊，變成了挨打的局面了。貞盛領軍把石井團團圍住，在他的莊園四周放起火來，燒得個鬼哭狼號，濃煙沖天，遠遠望見將門的老營起火，佃農們以爲大勢已去，原訂於某日某地集合的援軍，此時觀望不前，將門眼巴巴地等候了十餘日，他再也忍耐不住了，自己率領了僅有的四百餘騎，乘著狂風衝殺了出來，風勢對他十分有利，飛沙走石有如千軍萬馬，把貞盛和秀鄉所領的數千人殺得棄甲曳兵而走。將門眼看著敵人已潰，不禁大喜，就勒馬回營了，而就在這時風忽然轉向，原來是順風的轉爲逆風，原來逆風的轉爲順風，貞盛於是也掉轉馬頭，反來追趕將門，遠遠望見將門單騎在前，他就彎弓搭箭乘著風勢一箭射去，射個正著，將門應弦墮馬，貞盛忙趕上前去一刀斫死，兩人數十年來的冤仇告了結束。

企圖奪取日本天皇寶座的新皇，和王莽一樣，新不了多久便完了。

將門亡後，他的僞朝也就煙消雲散，所有僞官都一一先後就戮。征東大將軍藤原忠文這時還沒有到達坂東地界，半途中聞捷，轉報了朝廷，就此班師回朝，眞所謂兵不血刃賊酋已授首了。

貞盛和秀鄉以功封爲坂東方面的太守，兩人都有政聲。

盤踞在瀨戶內海裡的海盜藤原純友，這時還猖獗異常。

這位海盜首領純友，原是當朝宰相的本家，他本是伊予國的總兵，奉命平寇，他看形勢懸殊無法對敵，想來想去，不如勾結起海盜做他們的領袖了。他擁有數千人之眾，大小船隻近千，而瀨戶內海一向風平浪靜，並且四通八達，易於行船，內海沿岸以及海中島嶼，也比較富庶，到處可以打劫，眞是理想的職業，比做那五品官，不知要強多少。新任的追捕使小野好古，雖然忠勇，但是在大海裡很難攔截流竄的海盜，何況稍一疏忽，織輔重地都可能成爲寇賊窺伺的目標。經過年餘的追逐，從來沒有發生過大規模的遭遇戰，眞是師老無功，徒然有好幾次誤傳匪徒將來進襲京師，使得朝廷受了虛驚。

最後，不得已請出了這老年才俊來，這回拜藤原忠文爲征西大將軍了。說也奇怪，忠文出任征西大將軍之後，戰況急轉，兩年多以來追捕無功的追捕使小野好古，在北九州地帶，忽然遇到賊船的主力，雙方在博多灣內展開了大海戰，好古的士卒用命，乘風放火燒毀了賊船無數，另外擄獲了八百餘艘，賊首純友在亂軍之中逃到伊予，還是被擒，自知必無生路，自刎而死。

這位福將又兵不血刃，獲得了全勝。

東西兩路的叛黨，都經藤原忠文的威信而平定了。日本又恢復了寧靜。

藤原氏天下

天慶大亂之後，日本的統治階層暫時又得到了寧靜。藤原家族依然牢牢地把持了政權。攝政的太政大臣藤原忠平以朱雀天皇已經成年，不願再居攝，但是朱雀也再三謙讓不肯親政，於是改攝政爲「關白」，一切政事還是出自藤原氏之門，和攝政毫無二致，衹是名稱改換了而已。

這時忠平的幾個兒子個個都出了頭，長子實賴已位至左大臣，次子師輔是右大臣，另外兩個兒子也都身居參議，同爲閣僚，幾乎是藤原氏清一色的天下。

朱雀天皇本來就是藤原家的外甥，他的母親穩子是忠平的胞妹，是位精明多才的女性。朱雀天皇事母至孝，對她十分畏敬。朱雀有個同母弟成明親王，比他小三歲，生得一表人才，朱雀雖然妃嬪很多，但無所出，所以就立了皇弟爲皇太子。一天朱雀穿了朝服去覲見皇太后請安時，皇太后望見了朱雀一身袞繡，飛姿翩翩，喜不自禁，脫口說道：「眞夠漂亮，我有生之日如果再看見東宮也這樣穿戴起來，才眞有福了！」她是句無心的願望，卻使得朱雀多了心，以爲母親授意給他讓賢，他於是爲了娛親，毅然禪位了，當時他年才二十四歲。

成明親王即位，是爲村上天皇，改元天曆。日本歷史上稱之爲天曆之治，其實所謂的「治」也「治」不了多少，民間依然疾苦，盜賊橫行，民不聊生。不過是因爲村上即位後的第四年八月，藤原忠平以古稀高齡去世了，以後十八年間村上天皇算是親政了。雖然藤原兄弟還是緊握著大權，但在名義上沒有設關白，更沒有人攝政，日本的史家忠於皇室，衹要是天皇沒有過分地被挾持就算是「治」了。村上自己頗有才學，他獎勵文事，敕令修史，而最爲人所稱羨的是，他常在宮廷之內舉行詩歌之會，酬唱之盛，一時無兩。尤其他獎勵和歌，開日本閨秀吟詠的風氣，引發了五十餘年後清少納言的《枕草子》，和紫式部的《源氏物語》等聞名世界的文學作品。

在村上當朝的時候，京都發生了十九次大火。最大的一次是在內府，把宜陽殿裡所藏的寶物，溫明殿裡從上古以來傳下來的神靈鏡、大刀、神劍、玉璽，春興、安福兩殿裡貯藏的武器，內記廳裡的文書，紅壽殿裡的文書、古玩、字畫，統統燒個精光。除了大火之外，還有洪水。不斷的淫雨，下得天昏地暗，京都四周的河流沒有一條不氾濫的。城內的木造房子禁不起長期的浸蝕，紛紛倒塌，跟著來的當然是疾病瘟疫，犯罪和精神失常的人也越來越多，《三代寶錄》裡記載了很多鬼話，都是當年的實事。據說在天德二年，京都的待賢門前，有個披頭散髮的女人，抱著個死人頭啃，其後又看見她把倒臥在路旁將死未死的病人咬他的頭頸來吸血。這種情況已經無人去理會，社會已經亂得不成樣子。

但是皇室和貴族以及朝廷裡的大臣高官還是徵逐酒色，竭盡其奢侈之能事。他們除了每日飲宴之外，便是互相傾軋、鉤心鬥角、不擇手段地排除異己。藤原氏擁有累世的外戚地位，更是怕人奪了他們特殊的權利。因此藤原家族裡，祇要哪一支哪一房生了女兒，最大的願望便是送進宮裡去，能做「女御」或「更衣」，伺候天皇，一旦邀幸生下了個皇子，下一代的外戚地位便又保住了。村上的後宮裡，由藤原家送來的女娃有好幾房，得天皇寵幸的除了藤原忠平的嫡子右大臣師輔的女兒安子之外，還有中納言藤原元方的女兒祐姫。她們同時有娠，祐姫先生，生了一個男孩，元方興高采烈，以爲他外公的特殊地位十拿九穩，富貴從此逼人來了。恰巧第二天逢到了個庚申日，據迷信每逢庚申日，每個熟睡了的人，身體裡潛伏著的三尸蟲，這時會飛上天，到天帝面前去戳覽腳，把這人的隱私壞事一五一十地奏聞，所以庚申日絕對不能睡覺，平常大臣們便在朝堂裡集會，大家賭雙六，以消永夜。這晚元方意氣軒昂，在朝堂聚會時，好像個得勝還朝的大將軍一樣，睥睨群臣。其時剛好師輔也在座，十分看不慣，便拿起骰子來大聲喝道：「來個雙六！讓我的女兒也生男孩！」果然擲出來的是六點，而這時宮中傳出喜訊來，安子生產了，果然是個男孩。安子的地位是「女御」，祐姫的地位是「更衣」，論地位安子高一籌，三個月後，安子所生的憲平親王冊立爲皇太子。藤原元方一場歡喜落了空，從此抑鬱不樂，不久得了怪病，湯水都不能下嚥，臨終時咬牙切齒，吶吶的自言自語做厲鬼也要報復！

儘管日本歷史上號稱村上天皇的朝代爲治世，但是他自己並沒有覺得是「治」。尤其在幾次大火之後，他對近臣歎道：「朕以涼德，久居尊位，致獲天譴。」他的內心一直在驚恐，深怕再有災禍，他特地把宮內的冷然院改稱爲冷泉院，因爲然字不好，下從火，不能再燃了。而自從藤原元方死後，皇室接二連三發生了許多凶事。康保元年皇后安子因產後失調而死，安子脾氣雖然暴躁，但是聰慧絕倫，重要的朝政都靠她來做最後的決斷。她一逝世，村上如折右臂。不幸的事還不止此，接踵而來的是擲出雙六的右大臣師輔突然身死，再就是相貌堂堂才華出眾的皇太子憲平親王，不知何故神志失常起來，他瘋瘋癲癲地喜歡一個人往梁上踢球。宮裡遍傳這一定是元方的鬼魂作祟，不久村上自己也感染不適，臥病不到十日，便在清涼殿裡去世了。這位琴棋書畫靡不精通的風雅天皇，僅四十二歲。

太子憲平親王即位，是爲冷泉天皇。他這時名副其實地瘋了，除了還會人道而外，傻頭傻腦語無倫次，什麼正經事都不會做了。朝政當然又落到藤原家族手裡。藤原實賴是藤原忠平的長子，這時以左大臣任關白，實賴是個老實人，但是他的兄弟子姪卻個個精幹多心機，他們重掌大權之後第一件事，便是拔去他們的眼中釘。和藤原實賴同列朝班的有位皇族，是醍醐天皇庶出之子降入臣籍賜姓源，名高明，幹練有才，深受村上天皇的倚重，村上有三子，除了憲平已經繼任天皇之外，還有爲平、守平，第二子爲平親王，便是源高明的女婿。爲平聰穎秀逸，和他哥哥不同，一點沒有不正常的痕跡，爲人也十分和藹謙抑。村上天皇賓天之後，源高明循序晉位爲左大臣。但是卻失去了天皇的庇蔭，成爲眾矢之的了。

冷泉是個狂人，誰都知道他不能久於位，繼承他的理應是他的二弟爲平，如果眞的成爲事實，源高明即將躍爲外戚，取藤原家族的地位而代之了。在藤原一族看來，眞是無法忍受的事。先下手爲強後下手遭殃。於是他買通了當時一位有潛力的武士誣陷源高明陰謀廢立，企圖廢冷泉，而擁立他的女婿爲平。雖然毫無證據，但仍然大肆追逮，捉到了幾個所謂的同謀人，一個個都伏了罪。於是下詔貶源高明爲大宰府權帥，師法了七十年前對付菅原道眞的故智。源高明風聞到消息，馬上削髮爲僧，請求留在京裡出家，但是沒有邀准，逼他上道，到了九州謫地不久，原來在京都郊外源高明的私邸也被一把火燒得精光。這是安和二年間的事，史上稱之爲安和之變。

源高明垮了，他的女婿爲平親王也垮了，更垮的是，冷泉天皇還是不能不被廢。而他的三弟守平親王卻因爲娶了藤原家的小姐爲妻，這時夫以妻貴，被擁立爲圓融天皇了。藤原實賴於是以太政大臣攝政。

禪了位的冷泉，做了太上皇，遷居到冷泉院，他瘋瘋癲癲地繼續活到六十二歲，他喜歡到處放火，每逢到有火災的時候便高興地大唱大跳；幸而大家都知道他有這樣的毛病，對他防範很嚴，所以也沒有闖下什麼大禍來。他也生了幾個兒子，長子師貞，長得眉清目秀，面圓圓，耳長長，十分福相，圓融即位之後便立他爲皇太子，藤原家族看中了他，各房各支都把女兒送過去做他的妃嬪，但是這位王子好像天生的和尚命，很久都沒有子嗣。

藤原實賴當了一年的攝政，以七十一歲的高齡病歿了。他的姪兒伊尹繼任為攝政，兩年以後也死了。他死前總算做了一件好事，把白白吃了冤枉並且傾家蕩產的源高明赦免了回來，源高明以後便退出政治圈遁跡山林，在葛野的鄉間隱棲起來，平安地過了一世。佛教思想畢竟有用，種因得果，那時的日本對於冥冥之中自有果報，一般都十分相信，所以當朝者雖然弄權，但是不敢做得太狠，因此也保全了不少性命。

藤原伊尹死後，他的兄弟自己明爭暗鬥搶奪政權，鬧得烏煙瘴氣，最後，落到了藤原兼家的手裡。圓融天皇對於藤原家的專政實在感覺厭倦，看到太子已經成人，便退位讓賢了。師貞親王踐祚是為花山天皇。花山是個才子，富於情感，詩歌都作得很好，不過他多少遺傳了他父親冷泉天皇的瘋狂，發作起來時，也能做出些意想不到的怪事來。他對於政事卻十分關心，那時社會上已極端窮苦，下級官吏都無法生活，監守自盜的事層出不窮。而另一面王公貴冑仍然死活不管，競相搜括，廣置私產，他們不但壓榨農民，並且拒納賦稅，成為國家最大蠹蟲。花山雖然深居內苑，但他有一個精明的舅父藤原義懷，他深察民隱，建議花山毅然決然地下令禁止建立莊園，這一道旨令對國家有益，卻驚動了右大臣兼家。兼家當時正在擴張他的私產，這一禁令對他恰好是當頭一棒，並且很顯然的天皇有親政的野心，而他的左右還有能人在替他出主張，後果堪虞。兼家本來詭計多端，他又轉念頭設法對付了。

花山的後宮裡充滿了藤原家的女兒，但都無所出，最得寵的是大納言藤原為光的女兒忯子，是個十分俊秀活潑的小嬌娘，她居然懷孕了，花山高興非常，但是她有娠之後，變得異常陰沉，並且一天比一天消瘦，經過八個月後竟至夭折了。花山哀痛異常，悼念不已，朝思暮想，眠食俱廢。宮中的侍臣請了些高僧來說法，希望能開導慰藉，忙個不休。兼家卻認爲有機可乘了，他密令他的兒子道兼，恰好他也是天皇的侍從之一，去宛轉勸誘天皇信佛，索性看破紅塵出家去算了：「陛下如有意修行，小臣也願追隨。」道兼再三講述人世的無常。天皇果然被他說動，決心去做和尚了。他們約定在寬和二年的六月二十三日丑時由宮中秘密出發，趕到郊外的元慶寺裡去剃度。到了那天晚上，月色甚明，長空如洗，天皇意甚躊躇，捨不得這錦繡河山，說道：「月光太亮了，怕有人看見。」道兼知道天皇的心意動搖，忙道：「老師傅已在等候，不能不去了，何況玉璽、寶劍、神器都已經移到東宮去了，陛下快去吧！」他牽著天皇走出偏門，宮外早有車在等，他們君臣二人夤夜趕到廟裡，皇上一到，老和尚便取出剃刀替花山落髮，袈裟也早準備好了披起來，完全是個俊秀的小比丘了。這時道兼跪地告別道：「出門時沒有稟告雙親，就此出家的話，必然認爲不孝，連菩薩面前都說不過去。讓我回家告別雙親之後再來。」他便一別黃鶴，從此不再上山了。

這時花山才十九歲，在位還不滿兩年，就這樣當了和尚。不過他出家以後一心修行，很有成就，同時詩歌作得極好，博得很多人的讚歎，他退位之後到處行腳，走到荒野地裡，枕石而眠，眞眞做到了一位苦行的高僧。四十一歲時安靜地圓寂了。

藤原兼家把花山騙出家之後，擁立了他的外孫懷仁親王爲帝，是爲一條天皇，他以外祖父的資格居攝，引進了他的幼子道長為閤僚，從此以後道長便青雲直上，享受三十餘年的榮華富貴，《源氏物語》這部小說，據說就是以他為題材的。

源氏物語

日本一條天皇的寬弘五年，世界第一部長篇小說，日本最早的情欲文學紫式部的《源氏物語》問世了。寬弘五年是西曆一〇〇八年，中國則為宋眞宗的大中祥符元年。

一〇〇八年，在歐洲，西羅馬已經解體了，而神聖羅馬帝國則尚未成形，基督教文化剛剛發芽，是封建割據的開始。戀愛、飲宴、狩獵、詩歌是王侯武士所專享，是武士們的世界，老百姓如牛馬如草芥如螻蟻，除了工作之外還是工作，生命都不值錢，更談不上什麼娛樂或福利了。文人呢？更是一種寄生蟲，祇能拿著一把洋琵琶，到處流浪到王侯們的宮門前，編些故事邊彈邊唱來討一些酒錢。這是黑暗時代的初期，根本沒有文學，更沒有大部頭的小說。

宋眞宗的大中祥符元年，王欽若剛剛擢任同平章事，他雖然奉命主編一部史無前例的大著作，有一千卷的《冊府元龜》，但是他卻集中他的精力在假造天書，欺騙仁厚的眞宗去封禪，並沒有想眞正流傳一本文藝作品。那時離「元曲」的時代還有三百多年之久。《源氏物語》故事內容有一點像《紅樓夢》，以一位俊秀瀟灑的男士爲中心，在女人堆裡所發生的若干悲歡離合的情節，不過《紅樓夢》似乎高雅一些偏於「靈」，而《源氏物語》則原始一些偏於「肉」。最後也相仿，是一個半悲劇以遁入空門作爲結束。以下我把全書做一簡單的介紹，若干重要的章節我就譯得詳細一點，以便使讀者對該書有個概念。

源氏是桐壺帝和他的寵妃桐壺之間所生的兒子。桐壺雖然得到皇上的恩寵，無奈她出身寒微，在眾美爭妒之下，受了很多閒氣，她自己身體又不好，終於生下源氏不久，便抑鬱而死。皇上十分痛悼但是回天乏術，所以對於這個沒有娘的孩子特別寵愛。而源氏呢，也眞值得愛憐，他不但秀逸照人，並且聰穎異常。他的容貌讓人看了吃驚，艷光四射不能正視，所以爲他取了外號叫「光」，而他的智慧則是過目成誦歷久不忘。桐壺帝對他的期望甚切，屬意立他爲皇太子，將來必能承繼大業。在他七歲的時候，由朝鮮來了幾位嘉賓，其中有一位精於相術，桐壺帝本想邀他入宮來替愛子相一相，但恪於先皇的遺命，外客不准入大內，於是轉請了左大臣把這位半仙邀到左大臣的家裡去，而送王子到左大臣府，假託是左大臣的兒子請他送兩句，相士看了之後十分驚訝，連連點頭，口中吶吶有詞道「大貴，大貴」，最後卻指臉上的一條紋路歎道：「可惜，可惜，倘若沒有這條紋的話，必定可以位爲天子，現在難了，縱令能登大寶也將遇大亂，甚至當個宰輔，也沒有好結果！」這番話轉給桐壺帝聽了之後，眞如冷水澆頭，半晌說不出話來，不過他不死心，又請了幾位國內的名相士來，指出王子臉上的那條細紋，請他們驗證是否不祥，這幾位相士也異口同聲地說道：「誠如陛下的睿見，這條紋確實不好，苟承皇位，必有禍害。」桐壺帝十分傷心，爲了皇朝，爲了愛子，衹好把他降入臣籍，不算他是皇族，賜姓源，而又怕他將來得不到皇室應有的俸祿，會不能自活，所以特地延請了當時幾位名師，教他各種學問。這位小王子也確實聰明，他博涉群書之後，很快成爲通人了，從此他雖不再是王子，但仍然留居宮中，終日在桐壺帝的左右。

桐壺帝自從喪偶以後，抑鬱寡歡，一日一位老宮女奏道：「皇上遠親之中有位公主極像已故的妃子，陛下何不宣她進宮見見。」皇上聞奏大喜，連忙遣人把她接來，果然不但模樣長得像，就連舉動性格也都十分相似，龍心大悅，合巹之後，便封她爲藤壺宮妃。她原爲皇胤，和源氏的母親不同，沒有人敢欺侮她，同時她身體也很健康，儼然地專寵了。源氏對他的生母雖然沒有印象，但聽說這位新來的後母，很像他親娘，所以對她特別有感情，經常要去找她，那時她雖然也不過衹是個十六歲的少女，但是已經懂得男女授受不親，因此老是躲著他。皇上有一天察覺到了，就和妃子說：「你不必躲他，因爲你像他的媽媽，所以他對你有依戀，何況你二人確實很像，就當他做你的親生子好了。」實際上源氏也比她小不了幾歲，從此他便毫無顧忌地出入她的寢室，和她玩在一起，日子一久，竟鑄成了大錯，此是後話。

他十二歲的時候，雖然未脫稚氣，但是照皇室的往例，已經可以算作成人了。桐壺帝非常高興，親自來替愛子籌備成年大典，特地敦請了左大臣來替他加冠，到了那一天，源氏脫下了孩子的衣服，穿上成人的袍褲，薙了一部分頭髮戴起冠帽來，顯得格外英俊，在旁觀禮的，有忍不住流下眼淚來的。左大臣有個獨生女，十分美貌，皇太子看中了她想娶爲妃，但是左大臣卻喜歡源氏，這天面奏皇上要把女兒許配源氏，皇上欣然同意，於是就在冠禮完畢之後，又舉行了婚禮。新娘名葵，比他大四歲，是個沉默寡言的人，源氏雖然是個人見人愛又漂亮又聰明的小傢伙，但是新娘卻嫌他不夠穩重，不懂事，太年輕。而他呢，心裡另有所屬，總忘不了他後母的倩影。

他成人了，皇上封他爲禁衛軍的中將，從此不能亂闖了，但是這樣反而增加了他相思之苦。源氏並不是天生佻達的人，年齡漸長，他知道獨得恩寵並不是一件可以自豪的事，周圍的人必然會對他白眼，所以他也懂得小心，不過他天性忠厚，一旦情有所鍾，他就一往直前不能自拔了，在他十七歲時發生了第一件艷史。

他和他的大舅爺（左大臣之子，葵的哥哥），同在禁衛軍裡任職號稱頭中將的，是無話不談的好友，他們年齡相彷彿，也一樣是青年才俊。在一個五月梅雨天，外面下著大雨，他二人守在源氏的朝房裡聊天，頭中將在燈下翻閱源氏桌上的書，偶然打開了抽屜，發現有一大堆信，一看筆跡，竟全是女人寫來的情書，他好奇心大發，搶著非看不可，源氏無可奈何，祇好讓他去欣賞，實際上又沒有什麼好看，祇不過是些單相思的女人寫來的，字沒有寫好，文理也不大通，源氏說：「你既然看到我的秘密，你也應該提供一些你的寶貝出來。」於是兩人的話題自然就轉到女人身上來了。這時同爲朝官的左馬頭和藤式部二人走了進來，他們也加入閒談，頭中將認爲女人可以分爲三個等級，出身高貴的女人總是喜歡做作矜持，搭起架子來，不苟言笑，隱蔽她們的缺點，讓人無法捉摸，眞是十分無趣；中級女人最爲自然，誰都可以接近她們，也能品頭論足和她們隨便調笑做朋友；至於再下一等的女人，就不是我們這種人會接觸得到的，不必去理會她們了。所以我們應該注意的祇有中流階級的女人了。頭中將說完之後，左馬頭便搶著表示意見，他說十全十美的女人簡直太少了，幾乎可以說是沒有，治理家政比治理國政還要困難，選妻不但要貌美賢慧，還需要她眞能愛你，眞是難上難了。他曾經和一個十分能幹的女子相戀，可惜她妒心特重，他想把她糾正過來，有一天他故意騙她說他已經另外有了愛人，這位女士居然大怒，拿起他的手就狠狠地咬了一口，幾乎咬斷了小指。他說：「我痛極抽回手來之後，便憤然起立對她厲聲說道：如果我用我的手指來計算我們相會的次數時，痛的絕不祇是一根小指！她聽了便嚎啕大哭道：倘若你心裡祇記著痛的話，我們就不能不分手了！當時我不顧而去，過了幾天，我估計她一定把這件事淡忘了又去找她，卻發現她人去樓空回娘家去了，好不容易把她找了回來，她堅持如果要重拾舊歡的話，我必須答應她不再去拈花惹草，但是對於這樣的條件我當然不能接受，我毅然回絕了，誰知她不久便生病，沒有幾天死了。眞使得我痛悼萬狀，我原來祇想氣氣她的，不料她禁不起開玩笑竟棄我而去了。實在她眞能做一個理想的賢內助，她不但會繡花，還會染色，很少女人有她那樣巧的。」說罷他深深地歎了一口氣，有無限惆悵似的。頭中將也歎道：「牛郎織女雖不能長相廝守，但是他們的情愛是永恆的，你的遭遇眞可以算是曾經滄海了！」左馬頭又繼續講他第二個經驗，他說：「我還認識一位身分高貴的女人，會吟詩，也寫得一手秀麗的字，人長得也不錯，自從我那愛人死後，我便常常到她家裡去，有一天散值的時候一位仁兄和我一起退朝，他問我到哪處去，我說往東去，他說他要往東去看位朋友，於是我們便相攜而行，結果到了我的相好門前時，他說他到了，使我大爲驚奇，我衹好一人踽涼獨自又往前走了幾步，在隱處我看他拿出一支簫來，嗚嗚地吹將起來，不一會屋子裡也有琴聲傳出，顯然是爲他伴奏，似乎是他們約好了的幽會的暗號，原來她另有所戀，我這才恍然大悟，從此我就和她斷絕了。」左馬頭說完後，頭中將也忍不住說出他的一段怨史來，他說：「我認得一位小姐，賢淑美麗，她的父母雙亡，認識我之後，便一心一意依靠著我，對我體貼萬分，而我卻依然在外胡搞，經常經過一段時間也不去看她，可是她從來不以爲忤，總是笑臉相迎溫存備至。日子久了，居然有人密告我們的關係，我內子就寫了封信給她，當然免不了有些恫嚇之詞，她瞞住我不讓我知道，所以我並不知道有這樣一封信。我這位愛人看到信嚇得不得了，那時她剛生下一個嬌小的女嬰，她採了一大捧花，差人送給我就偷偷溜走了，至今不知去向。」頭中將熱淚盈眶，不勝唏噓。源氏也悲傷起來問道：「難道連封信都沒有留？」頭中將說有首詩，他就念道：「『牆垣誠卑賤，聽君隨意拆，牆邊無辜花，幸勿容踐踏。』她的意思我明白，她自己今生已矣，孩子無辜，希望我照應，但是我接到這首詩時，趕忙到她家去已經不見蹤影，我到處尋她母女二人，一直沒有下落。她縱然沒有死，生活也一定很清苦了！」

最後輪到藤式部來講講他的經驗，他說：「我沒有什麼綺緣可說，你們一定要聽的話，祇有將我唯一的遭遇講給各位聽。我的老師，是位博學鴻儒，他有兩個女兒，其中的一位相當美麗，頗有父風，一肚皮的學問，和她在一起時，自覺慚愧，她中國書讀得很多，會作漢詩，她還教我作那複雜的玩意兒，除了學識之外她也會治家，眞當得起左馬頭所說的十全十美的妻子，但是我沒有勇氣娶這樣一位才女，我想各位也和我一樣，不會願意天天對著一位活字典，讓你永遠抬不起頭來，但是我又沒有任何理由和她斷交，有一天，我偶然又闖到她家裡去，她看我來，很緊張地隔著一面屏風和我說話，我想，大概她是在鬧情緒了，也許我樂得乘此機會和她大鬧一場，就此散夥，但是出乎我意料之外，讓我發現了她有吃大蒜的嗜好，這天她沒有料到我會來，她吃了一嘴的大蒜，臭氣噴人，她狼狽地解釋道：『我患了重傷風，所以吞了幾顆大蒜，不過你如有事，我還是可以照做的。』看樣子她絲毫沒有傷風的痕跡，聲音也並不異樣，這時大蒜的氣味已經越來越薰人，我站起來預備鞠躬而退了，她隔著屏風喊道：『等我嘴裡的味道消失了之後，你再來好了。』我已不能忍，想起半首舊歌，我就念道：『今夜蜘蛛已結網，明朝何堪復再來！』便不顧而去，從此不敢再去看她了。」

源氏聽他說完，叫道：「你這段故事太荒唐，不可能有這樣的事，是你胡謅出來的！」

藤式部一聲不響，一躍而起，大笑而去。

源氏聽他們這些經驗時，心裡總在盤算著一個人，這幾位男士所描述的女人缺點，他心上人一樣也沒有，暗暗得意，喜悅的心，好像脹得滿滿的，她眞是個傑出的女人！他想。

當夜的談話沒有達到任何結論，便散了。

空蟬

第二天雨止了，放晴之後，長空一片蔚藍，心神暢快極了，他想到好久沒有回到丈人家裡去了，應該去看看。他的太太，葵夫人，依然住在娘家，幾天不見，去看她時，臉上絲毫沒有喜色，她端莊美麗，衣著服飾十分整齊，但是讓人有凜然不可犯之感，坐了一會，也找不到什麼有趣的話頭，心上祇覺得有一種壓迫，他便去晉謁他的老丈左大臣。左大臣看見他來，拉住他問長問短問個不休，好不容易找到了一個機會退了出來，看見一張榻子倒頭便睡了。一直睡到晚飯，他原想回宮，可是有人說不行，今晚擎羊星當頭南方對殿下不利，不能去。源氏說：「這裡和我家都在南方，就都不能過夜了！」在這擾擾攘攘不知所措的時候，一位女官說紀伊守家裡可以住，他家在正北，不如借住一宵。

紀伊守是源氏的副官，他的父親是「伊予」郡的太守，現時不在家裡，家裡祇有一位新娶進來的年輕貌美的後妻空蟬，源氏早就聽說空蟬是位如花似玉的小嬌娘，她本來也是仕宦之後，不幸她父親早死，祇好嫁給一個老頭子做塡房。源氏想到這眞是天賜良機，可以去飽一飽眼福，便欣然就道，到紀伊守家裡去了。

到了紀家天色已晚，在黑暗當中，源氏祇覺得地方非常逼仄，而人聲嘈雜，有男有女有老有少，對他眞是個新經驗，紀伊守更是緊張萬分，從來沒有這樣的貴客到他家裡來過，忙得他團團轉，他把源氏讓到一間小房間裡去，而請源氏的隨從睡在走廊上，這班隨從吃飽了老酒，一個個橫在地上，呼呼打起鼾來。源氏倚在枕上迷迷糊糊地打盹，忽然聽見紙門的那一面有人竊竊私語，他凝神靜聽，一個女人嬌聲問道：「客人睡了沒有？」「睡了，睡在偏房裡。」是個孩子的聲音。「我看見他了，」孩子繼續說：「人家說得沒有錯，他眞是漂亮極了！」「明天早上我會去見他的。」很顯然這是空蟬和她弟弟小君在說話。過了一會她又問：「中將君到哪裡去了，她說她要來陪我睡的。」「她去洗澡去了，一會就來。」有人這樣回答。一面，又聽見孩子的聲音說道：「我走了，我到那面去睡覺了。」一陣靜肅中使得源氏心神起伏不定，在萬籟俱寂裡，源氏衹聽到他自己的心咚咚地跳，他終於爬起來，躡手躡腳地試試紙門，並沒有上鎖，輕輕地便開了，進到似乎是一間狹小的堆置雜物的空房，他摸摸索索再朝聲音來的方向前進，又推開一扇紙門，暗中衹見一個細小的身體蜷臥在一個角落裡，他就溜到她的床邊，空蟬初以爲是她的侍女中將君來了，定睛一看才知道不對，嚇得她魂不附體，喊都喊不出來，源氏這時俯下身在她耳邊細聲說道：「請你不要怕，我等了好久，才等到了今天這樣的良機，讓我能來表示我的愛慕，我這種行動也許不對，但是原諒我，我實在忍不住，不能不來了。」他的聲音清脆柔和，用詞也動聽，使她不能不動心，她衹能吶吶地說道：「請你不要忘記我是個有夫之婦。」聲音微細得幾乎聽不見，這時他便把她抱起往自己房裡走去，剛踏出房門，迎面來了個中將君，她嚇了一跳，連忙閃在一旁，再仔細看時，知道是貴客，也就不敢作聲，她知道張揚了出來，對大家都不好。源氏看她呆如木雞，就溫和地對她說，「明天早晨，請你到我房裡來，接你的女主人回去。」說完就把門帶上了。空蟬祇好隨他擺布，她囁嚅地說道：「簡直是夢境，我不過是個普通的女人，並且是個佐僚的妻子，偏偏會蒙一位高貴的王子垂青！」她說罷便嗚嗚地哭泣，內心裡好像有無限的委屈，源氏無法安慰她，讓她哭，最後他忍不住說道：「你無須這樣恨我，我們的結合，雖不尋常，但也是天意，是前世的因緣。我永遠不會忘記你的。」她抽噎著說道：「倘若是在我未出嫁時遇見你的話，我該多幸福呀！但是現在這樣的會合，祇能產生悔恨！」一夜的纏綿，很快聽見雞已經叫了，天色漸白，院子裡已經有人聲，一會聽見主人紀伊守說話的聲音，他說道：「你們忙什麼，殿下還沒有起來，你們不要吵醒了他。」又一會有人輕輕地來敲門，是中將君來接空蟬了，源氏原捨不得放她走，禁不起門外中將君的催促，「快快！人看見了不好！」空蟬本來沒有把她糟老頭子的丈夫擺在心上的，這時忽然想起可能他現在正在夢中夢著她，不禁出了一身冷汗，又羞又怕，頭也不回，趕快地奪門而去了。

源氏回家之後，念念不忘空蟬如花似玉的小嬌娘，他左想右想，要找出一個方法來和空蟬通消息才好。他靈機一動，想起空蟬的弟弟來，他便把紀伊守叫來，說道：「那天在你府上，看到一個伶俐的小弟弟，他是誰？」他假裝關心地問，「我想讓他做我的侍從，將來送他到宮裡去。」紀伊守感激涕零，馬上把小君喊了來，從此這孩子就變成源氏的左右手，寸步不離了。源氏一天對小君說：「請你帶封信給你姊姊，我和她本來就相識的。」小君太小了信以爲眞，乖乖地帶回家給了姊姊。空蟬看了信，不禁眼圈紅了起來，信很長，其中有一句「但願綺夢能再，每念及此，則不能闔眼矣」。

她從來沒有看見過有人寫這樣好的字，這樣好的文章。但是她現在已是羅敷有夫，不能再錯了。第二天小君來討個回信，「我要回到殿下那裡去了！」姊姊說：「你告訴他，這裡沒有人能看他的信！」小君笑道：「就算沒有人看，也要回覆他呀！」空蟬生起氣來，說道：「你怎麼會這樣地偏袒著他，你這小小年紀，他就叫你做這種事，我不許你再到他那裡去了！」小君看見姊姊發怒，怕她眞的不許他再去做源氏的隨從，連忙走了。源氏看到小君好不容易回來了，就問道：「我昨天等了你一天！」小君紅著臉低頭不語，源氏追問道：「怎麼樣，有沒有覆信?」小君無奈答道：「她說家裡沒有人看得懂這樣的信。」「豈有此理！」源氏說道，馬上他又寫了封信吩咐小君再送去，他騙小君道：「你姊姊沒有出嫁前，我常常和她幽會的，自從她嫁給了這位有權有勢的太守後，她就不理我了，不過我看你還是跟著我好，你那姊夫已經太老了，沒有法子招呼你們很久的。」孩子覺得源氏的解釋很有道理，更死心塌地地替源氏效勞，源氏也叫人給他穿起宮裡的制服來，帶他出入宮禁，好像自己的子弟一樣。

不久擎羊星又顯了，源氏沒有通知紀伊守，就又輕車簡從地到了紀家，空蟬聽說他來了，就趕快躲了起來，源氏請小君遞封信，小君到處找他姊姊，不見蹤影，後來在侍女房間裡把她找到，她卻死也不肯出來，託詞說她需要按摩。她拿定了主意，再也不讓任何邪念侵到她的心裡來。

源氏無奈祇好請小君陪了他一夜。

雖然碰了釘子，源氏並沒有灰心，他對小君說道：「我從來沒有被人這樣討厭過，我眞感覺到受不了，我也不想活了！」小君聽了信以爲眞，也哭將起來，他雖然小倒很有主意：「我總會使你達到目的的。」過了幾天，果然機會到了。紀伊守忽然接到命令要到外郡出差，家裡祇剩女人留守了，源氏一天晚上接到了小君的通知，喬裝改扮成女人，跟著小君到了紀家，小君回到自己的家裡，便大聲叫道，「這麼熱的天，幹什麼還把門關得死死的！」裡頭有人答覆他道：「西廂小姐來了，和太太下圍棋下了大半天了。」源氏不管有沒有客人，由門縫裡張望屋子裡面的情形，只見空蟬的背影，正面另外坐著一位少女，她們在下棋，少女正好面朝著他窺視的方向，所以看得十分清楚，她皮膚白，高高的身材，也相當豐滿，嘴和眼睛都長得很美，頭髮也很多，剪得齊眉，披散著油亮的髮光，她滿臉不在乎的樣子，大概是軒端荻了，紀伊守的妹妹。難得老紀有這樣漂亮的妹妹，源氏暗想。棋已下到尾聲，性急的軒端荻說道：「反正我輸了，看！輸了幾子。」她一五一十數將起來。源氏在宮裡經常看見人總是很拘束，循規蹈矩，不敢踰禮法，很少看到這樣不拘禮節活潑自由的行動，這一幕一幕，對他非常新鮮，他看得呆了，小君忽然掩了過來，把他拉回到隱處說道：「客人大概會走了，你再等一等。」果然過了半晌，源氏聽見長裙曳地的悉悉索索的聲音和步響，說明棋已下完，大家準備休息了，小君大聲叫道：「我睡在庫房裡。」故意讓姊姊聽見，然後又叫道「熱死了」，故意把門打開，他知道和姊姊情商必然沒有用，祇好看源氏自己的本事了。

源氏確是在靜靜等候機會，他想等大家都睡著之後，再來施展他那偷香的勾當。他耐心等了半個時辰，便輕輕走了出來，他已熟門熟路，知道空蟬的臥室何在，筆直地走過去。空蟬自從那件事後，到了晚上便提心吊膽，總難馬上闔眼，而軒端荻則因爲年紀輕，心中無事，一天玩累了，上了床便呼呼大睡起來。空蟬在床上翻來覆去的時候，忽然聞到一種異香，睜眼一看時，瞥見一個人影走了過來，她立刻意識到這一定又是源氏來了，她在黑暗裡胡亂抓起一件薄綢衣披上，便悄悄溜走了。

源氏進到房裡一看心中大喜，床上祇睡著一個人，卻有兩個鋪蓋，他急忙脫下外衣，便往被窩裡鑽，對方居然沒動靜，他仔細一認，才知道糟了，找錯了人！這時他也沒有法子退縮了，將錯就錯，恰好她醒了，睜開眼睛，雖然好像意外，但是一點驚恐的樣子也沒有，他放了心，原想解釋是走錯了房間不是來找她的，一轉念，使不得，這樣反而洩漏了他和空蟬之間的秘密，於是他便對這位女士大獻殷勤，而軒端荻也十分開通，兩情相悅，痛痛快快地繾綣了一整夜。臨別時源氏囑咐道：「我們必須保持秘密，我不是個可以隨意行動的人。」她說：「知道。」很懂事的樣子，「我也不能讓人知道，以後恐怕連信都不能寫給你，寫去了人家一定會覺得奇怪。」源氏道：「當然，不過也無須瞞小君了，有信可以託他傳遞。」說罷他便起身，看見地上那件空蟬溜走時遺落下來的薄綢衣，他撿了起來揣在懷裡，悄悄走出房門把小君喚起，二人乘天色朦朧，想趕回去，不料在玄關處，碰著一位老娘，忙問是誰，幸而小君機警，說道：「是民部，你都不認得了？」「啊呀！」那老娘喊道，「民部長得這麼高了！我肚子痛，不能跟你們閒談了。」她匆匆走了。源氏穿了那身女人裝，居然混過去了！

回到家中，他把經過的情形一五一十說給小君聽，怪他道：「你眞把事情越攪越糟，你的姊姊也眞是無情，看樣子她是眞愛她的丈夫。」小君也無辭以對，祇能垂頭不語。

他躺在床上休息，可是怎麼也睡不著，拿出他懷裡那件薄綢衣更是感觸萬分，他便起來找到一張紙，匆匆寫了一首詩：

金蟬何無情，脱殼如敝屣，
羅衣遺香在，睹物傾我心。

他又交給小君轉給空蟬，空蟬雖然一再拒絕他，但在內心裡卻是很感激，接到那首詩後，便在旁邊用小字寫了一首詩：

蟬翼本嬌柔，何堪雨露濃，
遺衣多淚跡，恨不未嫁逢。

夕顏

住在六條院的孀娘，紅顏命苦，年紀輕輕便守了寡。源氏萬分同情她，忍不住經常要去看看她。日久生情，便做了孀娘的入幕之賓。一天源氏由宮裡往六條院去幽會時，路經他奶娘家，猛然想起有人告訴他，奶娘病重，已經落了髮做尼姑了，按理也應該去看看她。找到她家大門時卻上了鎖，車子進不去。隨從就去把奶娘的兒子惟光找了來，叫他把大門打開。在這當口，源氏無事，便四下張望了一下，只見隔壁一所房子，在短牆之上有一排籬笆，籬笆上掛了簾子，但是裡面的情形仍然隱約可見，似乎有一群女眷正朝著街上窺探，從下面望上去，祇看見她們的前額，原以爲她們是站在地上往外張望，一想不對，她們不可能有那樣高，一定是踏在一張桌子或床上，才能有這樣高，於是源氏狐疑了起來，她們在看什麼？

這次他自己輕車簡從，不會惹人注意，因此她們來窺探的，絕不可能是他，這樣一想便放了心，細細地來觀察這所房子了。除了牆是籬笆做的之外，連大門也是一扇籬笆，半掩著，可以望得到裡面的情形，好像是一所極其簡陋的屋子，他對於住在裡面的人，油然興起了憐憫之心，但一轉念間忽然想了一首詩：

何須覓華屋，
得棲即是福。
君不見殿堂美如玉，
不如草堂春睡足。

說不定裡面的人比我還開心呢！籬笆牆上爬了很多綠油油的葉子，葉叢裡面開著一些白花，花瓣半捲，好像在自我嘲笑似的，源氏的隨從指著花道：「這是『夕顏』，難得在這樣的殘垣上還有這麼多花！」的確在這樣的一條陋巷裡，這花居然找到足夠的地方來生存！源氏便吩咐這位隨從去採幾朵花來，隨從奉命擠進半開的籬笆門，正在採花時，忽然一個小女孩，穿著一件黃色長衫，由屋子的旁門走了出來遞給隨從一把扇子，說：「你拿這個來盛花，」然後又哎呀了一聲，說道：「你挑的這一把，並不好看呀！」從人接了扇子，慌忙地走了出來，恰巧惟光也把鄰屋的大門打開了：「讓您久候，眞對不起，鑰匙一時找不到，幸而鄰居的人沒有把您認出來，不然會湧出來瞧您的。」這時惟光的哥哥、姊夫、姊姊也都迎出來了，大家來歡迎這位稀見的貴客。奶娘聽說他來了，掙扎地坐了起來，顫聲說道：「我早就厭世了，不過想留著頭髮再見您一面，讓您看看奶娘的老樣子，可是您老也不來，我等不及了才落了髮。皈依了菩薩之後，我倒覺得很好了些，菩薩保佑，今天還能見到您。」說著，便老淚橫流，唏噓不已，源氏也不免傷感了起來，掉下幾滴眼淚，周圍的人也一同哭泣了起來，源氏關照惟光，替奶娘再多做幾次佛事，一切費用由他來擔負，吩咐完畢便起身告退了，在惟光的燭光下照見了那捧留在玄關前的花束和扇子，源氏拿起來一看，只覺濃香撲鼻，扇子上有幾行小字，似乎是匆忙裡寫的，但是很秀勁，是一首詩：

夕顏晚芬芳，

婀娜發幽香。
豈能悅君意，
適逢雨露光。

詩雖不好，卻引起了源氏的興趣來，忙問惟光道：「你們左鄰住的是什麼人家？」惟光不願多事，推說：「不知道，我回家專心伺候我娘的病，左右鄰居住的是什麼樣人，我還沒有去打聽過！」「那麼你就替我去打聽一下，」源氏說道：「扇子上寫的事情，我得要處理一下！」惟光不敢違命，便到左鄰去問了，左鄰的人說：「房子的主人在地方上做官，家裡祇有女主人在。」源氏聽了心裡好生納悶，便討了一張紙寫道：

暮靄濛濛，
視矇曨，
不見皎皎夕顏嬌，
待來朝，
仔細瞧。

叫隨從送到左鄰去，這時夜已深沉，源氏不能不走了。走出去再回頭望時，已是一片漆黑，祇見重幕後透出一線燈光如螢。可是到了六條院時，景象大不同了，到處金光耀眼，寬敞的宮室，華美的陳設，眞是人間天上！霎時間他把茅屋、籬笆、爬牆的夕顏花，忘得乾乾淨淨。他二人如膠似漆地繾綣了終宵，醒來時已日上三竿，慌忙趕回宮裡去，在必經之路上，又走過那間茅舍，以前也經過不知道有多少次，但從來沒有注意到它，此刻騰地便想起了扇子上的那首詩，到底是什麼人寫的，非打聽清楚不可。

隔了許久，惟光好不容易來了。「我娘的身體更虛弱了，」他說：「我日夜守住她，所以無法分身來。」然後他湊近幾步，低聲說道：「打聽了，她們是今年六月裡秘密搬來的。她是什麼人，連她的傭人都弄不清楚，我有一次偷偷張望，看見那位女士在寫，一面寫，一面哭，可憐兮兮的。」源氏聽了越發覺得奇怪。惟光說：「我爲了想多知道一點她們的情形，特地藉故寫了封信去，她的覆信，文理也很通順哪！」

源氏憶起那陰雨之夜，他和頭中將等幾個人批評女人，大家認爲低階層的婦女不在討論之列，因爲和她們不會有接觸，但是這位女士似乎值得注意了。他這時又忽然想到了空蟬，如果空蟬對他不是這樣無情的話，可能他也會覺得這種偷偷摸摸的勾當要不得，而會去想盡了辦法和她斷。現在是因爲得不到手，才心心念念地想衝破她那道冰凍的防線。在去探望奶娘的病以前，源氏的確沒有注意過平民階層的女人，現在他的趣味更廣了，普及到他朋友所說的各階層了，尤其當他想到那位在無意之中發生了關係的女郎，她那副天眞的模樣神情，答應他，她會等他，他便會十分得意。不過他卻從來沒有再理過她，因爲怕空蟬發覺……正在這樣迷迷糊胡思亂想的時候，有人報道，伊豫介來訪。

伊豫介——空蟬的丈夫！源氏心裡一驚，他來幹什麼？但是也不能不見。伊豫介是由郡裡回京請訓，特來拜謁的。由於長途跋涉的關係，這位老頭兒顯得又黑又憔悴，源氏暗暗想道：老傢伙實在很醜，誰會愛上他！不過人雖然醜但是談吐風雅，似乎很有教養，對源氏也執禮甚恭，他和空蟬之間的秘密，眞的毫不知情的樣子。源氏心裡慚愧，湧上了一陣陣的內疚，空蟬的冷淡，雖然傷了他的心，此時倒深深感激她了。

伊豫介報告了地方的情形之後，附帶說道：「我的女兒要出嫁了，同時我也打算接眷到郡裡去。」源氏聽了深感意外，他想我非再和空蟬見一面不可，客人走後，他趕忙打發小君送封信給他姊姊，約會一次。可是空蟬仍然執意不肯，不過卻覆了張條子，口氣也還和緩，源氏心裡也平了些，至於對於另外一位，他不想理她了，反正她馬上要有個丈夫了。他也替她高興。

誰是狐仙

秋天到了，源氏這時已經忙得不可開交，升了官，事情也加重了，他連到六條院去幽會的時間都分不出來了。想到他費了多少工夫才達到了目的，現在忽然和她斷了，似乎捨不得，不過現在確實沒有以往那樣熱戀了，何況她容易吃醋，容易傷感，一下就生起氣來。並且兩人之間的年齡也有距離，源氏才十七，六條已經二十四了。而最可惱的是怕人識破，所以不能不在半夜裡鬼鬼祟祟地溜出溜進。一天清晨，六條院的花園飄曳著薄霧，源氏被人三番五次催起身，沒有辦法，睡意未消，懶洋洋地起床，走出房間，一個侍女陪著他走到大門口，他在長廊的欄杆上息了下來，觀賞一下園中的景色，一看這位侍女好年輕，穿了一條綠裙，翻轉過來捲得高高地掖在腰裡，隱約可以看到她苗條的身材。他想：「她大概很怕羞，」又想：「她那秀髮披了下來，眞美呀！」於是他衝口念道：

花開遍地無心賞，獨見牽牛惹我憐。

欄杆邊就有一串串的牽牛花開得很茂盛，他吟罷便去拉那侍女的手，她毫不猶疑馬上答道：

只因濛濛漫天霧，方得從容看晨花。

她明明地諷刺他，倘若不是有霧，在醋罈子面前他才不敢放肆！

源氏越長越漂亮，眞是俊秀絕倫，人見人愛，不論男女，誰都願意來親近他，衹要能和他說一兩句話，都覺得開心。可惜他分身乏術，沒有法子面面顧到。

他回到宮裡，惟光已經在等他。惟光有了新消息，他說：「有一天，一輛車遠遠地走近我們的門口，我聽見隔壁鄰居的女孩子們大嚷：『右近，右近，中將來了，中將來了。』一位年紀已經不太小但風韻猶存的婦人跑了出來說：『不要吵，讓我來看。』她便飛奔而出，由花園到巷子有小小的一座吊橋，她不小心，絆了個馬趴，但是她並不在乎，依然注視著那輛車，居然讓她認出車旁的隨從，把名字一個個念了出來，我聽出來好像都是頭中將手下的副官。」「會有這種事！」源氏嘴裡說道，可是心裡免不了想：「難道『她』就是溜走了的頭中將的情人！」他的好奇心更大了。他再三央求惟光想個辦法讓他們兩人能見個面。天下事有志竟成，惟光果然也能不負所託，源氏終於有一天和這位神秘女郎見面了，兩人如感電一樣，立刻傾心愛慕起來。源氏不敢暴露他的身分，和這位女士相會時，總是故意穿得破破爛爛，也不敢乘車，走著就來，偶爾騎了惟光的馬，惟光扮作跟隨，跟著走。女士幾次追問他的姓氏，他都秘而不宣，有一次他發現她在派人跟蹤，被他甩掉。源氏眞正愛上了她，廢寢忘食地整天都想著她，他雖然事情很多，但他發現，他在她家裡的時間最多，眞是寸刻難離了，他自己都覺得奇怪，我怎麼啦，難道我瘋了！源氏不斷自問。她呢，的確十分柔順，有時她自我謙抑讓人憐惜，雖然她充滿了少女的羞澀，但是顯然的，源氏並不是她初戀的戀人。

她明知道他是位貴公子，故意裝窮，他在躲著人，怕人看見，鬼鬼祟祟地等大家都睡了才出現，像鬼故事裡的鬼情人一樣，這種神秘的幽會她當然不自在，而源氏也時時刻刻擔心，她會不會和對付頭中將一樣，忽然地無影無蹤了呢！

源氏的朋友們發現他行蹤詭秘，有時故意拖住他不許他出去，有好幾晚他都無法脫身去看她，使得他萬分氣惱。幾次他下了決心，索性把她帶回家去，就算被人發覺招致了物議，他也不在乎。

「我帶你到一個好地方去，」源氏終於向她啓齒了，「到了那裡，就不會有人打攪我們了。」「我不要，我怕，」她說，「你的行動太怪了，我不敢和你一起去。」她好像個孩子。源氏笑道：「我倆之中，不知道哪一個是狐仙呢！走著瞧吧！」她聽了便改了主意，說道：「好吧，我就依你，隨你到哪兒，我都跟你。」這時源氏又想起了頭中將，她會不會故意在安他的心，然後再悄悄的一去不復返了呢！不會，她不像是騙我，她不會跑。

恰好是八月十五夜，月涼如洗，他臥在榻子上，可以看見月光直穿過屋頂的破隙處，射到床邊，源氏想道這眞是個窮地方，和他平常睡的地方完全不同，慢慢地天快亮了，隔壁的鄰居已經醒了，說起話來，這邊聽得清清楚楚，一個說：「好冷呀！今年收成一定不會好啦！」顯然是個農夫。另外一個接著說，「我們這樣的搬運行業，也好不了！」說著就聽他用拳頭敲另外一面的牆壁，叫道：「起來起來，我們該上路了。」一陣熙熙攘攘之後，又歸沉寂，他們各自出門謀生去了。

源氏躺在床上，覺得這種嘈雜的聲音已經難以令人忍受，而她，卻處之泰然，好像充耳不聞似的，這班鄰人走後，附近的磨坊又開工了，轟隆轟隆的響聲越來越大，好像是一連串的雷鳴，由枕邊爆出來一樣，除此之外，天空裡充滿了各色音響，由四面八方襲來，遠遠的有木槌敲打，路邊有鵝群淒叫，震得源氏的耳鼓都快炸了。

源氏祇好起來，坐在窗沿上，推窗外望，看見小院裡的叢竹，在月光下也顯得鬱鬱蔥蔥，和大花園裡的竹子並無兩樣，而牆根下的蟋蟀，祇有叫得比遠處聽來的更清脆，在這樣一個地方雖然有很多缺點，但是有了她，每樣缺點也都另有韻味。她穿著一件白色緊衣，披上了一件灰布的外衫，雖然粗樸，但更顯得她高雅，她張嘴說話時尤其嬌媚，惹人愛憐，他眞想把她藏在什麼天涯海角裡去，任何人都不能來打攪他們。「我要帶你到個地方去，」他忍不住又提出了原議，「離此地不遠，可是很安靜，不會有人吵了。」他又叫了一句，「我們不能永遠這樣呀！天一亮就要分開！」她點點頭不再反對了。於是他把右近叫了來，吩咐她去找一輛車，這時天已漸曙，雞已不叫了，遠遠地聽見一個老人口中念念有詞，他似乎在還願，走兩步就跪下磕頭，以頭撞地。他辛苦地前進，走近時聽清楚了，他在念：「南無當來導師，南無當來導師！」源氏說：「你聽，這是好兆頭，菩薩保佑你我來生來世都恩愛。」他隨口吟道：

但願生生永相愛，
此日佳兆信不欺！

接著他又說道：「我們不能像〈長恨歌〉裡的情人，祇求在天願爲比翼鳥，在地願爲連理枝，我們的恩愛要永遠繼續下去。」但是她似乎沒有那樣大的信心，她也低吟道：

今生嘗盡人間苦，

渺茫他生更難期！

他們本來想乘月色未落時上路，不料一片烏雲遮住了殘月，投下了暗影，但是黎明的天空依然十分清麗，源氏深怕被人發現，催著趕快走，他們邀了右近一同上車，急忙去了。

二條院的家是源氏外祖母留給他的遺產，可是他並沒有來住過，他平時不是住在宮中，便是住在丈人家。這時到來一看，連大門都東倒西歪了，進了大門，院子裡長滿了野草青苔，眞像是久已沒有人住的荒居了。她縮在車裡，顯得又懊喪又緊張，源氏心想那是因爲她住慣了小房子，沒有見過大氣派的邸宅，免不了有點心怯，車子徐徐地開進花園，晨霧瀰漫，露氣很重，樹木都像是水裡撈起來的，新鮮異常。車子停在一所大房子前面，源氏打發車走之後，領著她們倆，走進屋子，每間房間都打掃得十分乾淨，右近東張西望，眼睛裡充滿了驚奇和滿足，源氏家裡的僕人不但勤快並且忠實，看見主人回來，高興非凡，馬上端出滾燙的粥和精緻的小菜來，他們吃了之後，便雙雙睡了。幾天以來第一次安安靜靜地得到了休息。醒來時已烈日當空，源氏打開了板窗看時，好大一個花園，他自己都沒有想到會有這樣大！遠遠的樹叢好像原始森林，屋旁什麼樣的花卉也沒有，祇見一片枯黃了的野草，池塘裡長滿了蘆葦，眞是滿目蕭瑟。一點人聲也沒有，他的僕人大概另有單獨的房子，不連接在一起，更覺得孤荒了。他回頭看著惺忪睡眼的她，道：「我們眞到了一個怪地方！不過你不要怕，有我在，任何鬼怪都不敢來欺負你。」這時源氏除去了他那塊半遮的面罩，說道：「現在你該告訴我你的眞姓名了吧！」她雖然滿心歡喜，看到了源氏的面貌，眞是個秀逸非凡的小郎君，但是她還是不肯吐露她的家世，說道：「我和《新古今集》裡的漁夫的女兒一樣，沒有名字也沒有家。」源氏碰了個軟釘子，很不高興，賭氣地說道：「就隨你吧！」兩人僵持了一會兒，但是情人之間的芥蒂，難得持久，瞬息之間便煙消雲散了。

惟光發現他們已經搬走，帶了大批的糖果找了來，他們便盡情享受，說說笑笑地在歡樂之中過了一下午，夕陽西下，房間裡漸漸暗了下來，源氏怕她嫌黑，特地把簾子捲起來，讓黃昏的餘暉，照到他們的臉上，有了這樣溫存體貼的郎君在旁，她不再緊張，幸福地依偎著源氏，一直到晚，但是天一黑，她又怕起來，滿臉驚恐，源氏趕緊把門關上，拿了一盞大燈來，他心裡著實有點怨，忍不住說道：「表面上你好像和我混熟了，但在內心裡，你對我還是不信任，你眞不應該。」她看源氏不高興，垂頭不語，好像做錯了事，等著責罰的小兒一樣。源氏大爲不忍，摟著她低聲說道：「我們睡覺吧。」他們睡下之後，源氏閉起眼睛卻不能入睡，他想到幾天都沒有上班，宮裡人怎麼說，會不會派人四下找我？六條院看我一直沒有去又該生氣了，這回她眞該吃醋了，腦子裡亂七八糟的思潮一起一伏，越想越激動，使他都不能闔眼了，他看了看睡在他身旁的她，祇見她安詳地臥著，一點也不管他在想什麼，不由得起了一陣無上的愛憐，忽然他又想到六條院，那個婆娘，一天都在嫉妒，疑神疑鬼的，一點點小事，她都要刨根問柢，眞煩死人了。一面想，一面迷迷糊糊地睡。忽然，朦朧中，一個又高又大的女人影站在他面前，罵道：「你以爲你高尙，怎麼會隨便在街上拉來這樣一個小婊子來玩弄！眞氣死我了。」說著，就去拉他身旁的她。源氏以爲是夢，又以爲是幻覺，坐了起來。一片漆黑，燈已熄滅，他十分驚恐，毛髮倒豎，摸到了他的佩刀，拔了出來，脫口大叫：「右近，右近。」右近聞聲，由隔壁房間趕來，她也嚇得不得了。「你去到下房，把守夜的叫來！」源氏吩咐她。「我怎麼能去，」右近答道：「這麼黑，什麼都看不見！」源氏沒有辦法，祇有拍手叫人。回聲在空屋子震得好響，卻沒有人，這時在黑暗中，他隱約看見她渾身發抖，怎麼辦？摸一摸她一身冷汗，好像不省人事了。右近也湊上來了說道：「少爺，不要怕，她常常會這樣抽筋的。」源氏說：「我去叫人，你守著她。」他起身走出門，一望漆黑，所有的燈都被風吹滅了。他邊走邊喊，好不容易有人應了，是個孩子，老僕人的兒子。「你去拿根蠟燭來，把看門的都叫起來，讓他們把弓都上弦，拉弦讓它響。」源氏又問道：「惟光哪兒去了？」「他看您睡了，就回家了，明天天亮就來。」在黑暗裡孩子的聲音答覆了他。

他又摸回到房裡。依稀中看她還躺著，右近伏在她旁邊，臉蒙在被裡。「你怎麼啦？」源氏推了推右近。「在這種沒有人住的房子裡，狐仙會來作祟，可是我來了，他們就跑了。」源氏一面安慰右近，也一面替他自己打氣。右近說：「我不知怎麼會忽然趴了下來，我的女主人一定是嚇壞了。」源氏彎下腰摸摸她，嚇了一跳，人已經僵了，氣都好像斷了，她也已經沒有反應，不認得人了。燭影搖曳，那孩子拿了根蠟燭來，接過來時，他模糊地照見了夢中所見的那個影子仍然站在枕邊，就在一剎那間忽然不見了，他嚇得周身是汗。古書裡常常有這樣的記載，一定是鬼，好厲害的鬼。他趕忙走到床邊，臥到她身旁，輕輕搖動她的腿，不好，她的腿是冷的，再湊到腔上，已經完全沒有氣了，糟了，糟了，在燭光下她面色蒼白如紙。「你活回來呀！」他驚慌地叫道：「我的心肝，你快活回來呀！」他撲到她的身上，「不要這樣瞪著看我呀！」這時她已冰冷，毫無表情地瞪著兩眼！

右近由她自己的恐怖之中轉醒了過來，看見她女主人的樣子，不禁放聲大哭，源氏沒有工夫去理她，他現在得想個辦法處理善後。他想起以前有位大臣被鬼嚇死，過一會又活回來了。不，她絕對不是死。她會活回來的。

他衝出房，打發老僕人的兒子趕快去找惟光，如果他那位當了和尚的哥哥也在家，就一併把他請來，就說這裡有人受了驚，但是千萬不要驚動他家的老太太，他們的母親。那孩子奉命，飛也似地去了。

子夜已近，外面忽然起了暴風雨，屋外周圍的松樹，被狂風橫掃，發出一陣陣的悲嘯。一隻怪鳥，大概是貓頭鷹，也在吱吱尖叫——眞是淒慘，他想，怎麼我會單挑了這樣一個地方，是我害死了她！他自怨自艾，悔恨萬千。右近也好像死了似的，撲在她女主人身旁一動也不動。蠟燭忽然半明半滅起來，他趕上去挑了一下，亮了一些。在這間屋子裡的另一角落，似乎有東西在動，聽，好像有腳步響，鬼一定沒有走，這下子，鬼來找我了……源氏心裡七上八下，呆呆地等，等惟光，怎麼還不來，怎麼還不來！這眞是最長的一夜，好像有一千年！

很遠很遠的地方有隻雞打鳴了，源氏深深地歎了口氣，天要亮了，「眞該死，」他想：「爲什麼我偏偏要做這些不該做的事，怎麼辦，這些事，早晚會被人發覺，要讓皇上知道了，那還了得，我的名譽完了，完了。」

好不容易惟光來了。惟光一向自誇能幹，隨時都在伺候著源氏，偏偏今晚他不在。右近聽見他來了，好像見了親人，有好多冤枉要訴說似的，又大哭了起來，一直忍住了眼淚的源氏，這時也像奔泉似地流了下來，哽咽地說道：「這裡發生了一件萬想不到的禍事，非念經不可，所以我要你哥哥一起來！」「他昨天就上山了，」惟光答道，看見她僵僵地躺在地上，知道出了事，驚問道：「是您一時盛怒，把她打死了！」源氏搖搖頭，說不出話來，衹是哭泣，惟光看見主人哭得傷心，也不免悲從中來，淚滿盈眶，但是還算他最老練，「現在不是哭的時候，要趕快辦事，」他說：「第一不能讓工人的兒子知道這裡死了人，否則他傳出去的話，就不得了。屍身怎麼辦，我們不能送回她家裡去，她家裡人知道了，一定會鬧得天翻。」他躊躇了一下，忽然說道；「有了，衹有送到尼姑庵裡去，我父親的奶娘現在西山修行，送到她那裡去殮葬，保險不會有人知道。」說罷，他便奔了出去，很快領了一輛車來，他用一張草席把她裹了。源氏看到她最後一眼，面貌異常安靜，這時眼睛也閉上了，她一頭長髮，沒有法子梳，讓它拖在地上，她身體好小，惟光不費力地把她抱到車裡，他叫右近也坐了進去，源氏也想跟著去，被惟光擋住，說道：「您趕快騎了我的馬，回宮裡去吧，多少人都在等著您啦！」他自己捲起褲腿，大踏步跟在車後，走了。

上山求醫

源氏忽然發了瘧疾，求醫問卜，都毫無效果。繼續地發冷發熱，發之不已，人漸漸虛弱了下來。有人勸他趕快到北山去，那裡有位高僧會治病，去年夏天就治好過很多人。「您快去找他醫治，耽誤了下來，以後就不好辦了！」他於是派人去請高僧來，不料使者回說，這位上人已經十分衰老，行動不便，不能下山。「怎麼辦？」源氏說：「我祇有偷偷去就他了。」他於是帶了三五從人，一清早便往北山裡去了。北山是在群山深處。這時已是三月底，京中的櫻花已殘，但是山櫻卻開得正好，一路上落霞搖曳，變出很多幻景，以他這樣俗務纏身的人，難得看到這樣的風景，使得他心神俱暢，走了半日到了寺院，那寺院也十分幽雅，上人住在高巖下的一個石洞裡。源氏雖然沒有自報姓名，並且是微服來見的，但是他的容貌任何人都認識，上人看見他進來，馬上迎上來說道：「對不起，前幾天您差人來請我上京，不過因為我已經絕念紅塵，並且我的法術也幾乎忘光了，所以不敢應命，現在竟勞您親自枉顧，實在罪過，罪過。」言下雖然表現得十分惶恐，卻看著源氏笑了。很顯然地，他是一位心地慈悲並且道行很高的人。他便對源氏畫了幾道符，念了多次咒文，等他把各種法術做完之後，旭日已經高升了。源氏走出洞門，周圍一望，只見在他腳下，有很多小房子散在各處的山坡上，一條蜿蜒的小徑直通到其中的一所茅舍，雖然也和其他小屋一樣，以叢竹為籬，但顯得格外精緻寬敞，一條有頂的長廊從大門連到正屋，周圍的樹木都修剪得十分整齊。「這是什麼人住的屋子？」源氏問，隨從中有人回說這是僧都的住宅，他兩年前到此地來退隱的。源氏聽到是僧都，便說道：「我跟他也很熟，不過我不願意穿著這樣的服裝去見他，我希望他不知道……」這時忽然望見由這所房子裡，走出一群孩子來，一個個穿得花花綠綠很漂亮的衣裳，他們出來忙著採野花，顯然是採來預備供佛堂的。源氏的隨從裡有人說道：「有女孩兒呢！」他走下兩三步，「這位和尚怎麼會有女眷呢？」邊走邊說：「到底是些什麼人呢？」他看清楚之後，回來報告道：「是些女孩子，有幾個還很美呢，年紀也不小了呢！」

一早上源氏都忙著醫療。好不容易整套的法術施行完了，他的隨從們深怕他到了午後，平常瘧疾發病的時候，又發起燒來，所以勸他出來散散心。他們走到山的那一頭，俯瞰下去，可以遠遠望見京都城的全景，「眞美麗啊！」源氏叫道：「這若隱若顯的房屋，以及那些向四面伸張出去的樹木，消逝在煙霞雲霧之中，能在這種地方生活，還能說不幸福嗎？」「這算不了什麼！」有位隨從說道：「如果您能到地方上去看看，別處的湖光山色，比這裡的風景，不知要好多少呢。」他於是就舉出富士山，以及其他山嶽的偉大，然後又描述了西部海岸的風光，他說著說著居然過了平時發瘧的時候，源氏一點也沒有覺得不舒服，大家的興致更高了。那位隨從繼續遙指著遼遠的大海說道：「您看那邊就是播磨郡的明石灣，離我們最近了。可是請您留意，雖然不遠，但是除了面臨大海之外四路不通，所以變成一個最荒涼奇突的所在。那裡有一位居士，他以前曾任播磨郡的郡守，他在這地方造了一所出人意表的豪華大邸宅。他是宰輔之後，本來前程遠大，但是因爲他脾氣古怪，與人合不來，情願棄京官不做，自求外放到播磨來做郡守，可是沒有多久又和地方上的人鬧意見，他一氣之下不幹了，聲稱要回到京裡去。可是他又沒有那麼做，卻自己落了髮當了和尚。雖然當了和尚，他又捨不得離家，上山去修行，反而在海邊造了一所大房子，您也許會覺得奇怪，爲什麼他這樣做，其實理由也很簡單，是因爲播磨郡裡的山，比海邊更淒涼。他家裡祇有位少妻和弱女，不能讓她們也到山裡去受罪，所以祇有選擇海邊了。有一次我走過播磨郡，去晉見了他，他在京裡住的那所房子並不考究，可是在播磨造的那所，可以說是窮極奢華了。他好像不管三七二十一，祇想盡情地在享受中度其餘年，同時他似乎已經準備他的來生，所以他過著虔誠嚴肅的生活！」源氏問道：「你不是說他還有個小女兒麼！」「是，她長得不錯，並且也很聰明，很多有地位的人來說媒求親，都被她父親擋了回去。好像他自己看穿了富貴，也要讓他女兒和他一樣，度那隱居的生涯。他曾經發過誓，他女兒的婚事要他來做主，如果她違反了他的意思，做出了一些荒唐事情來的話，就是他死了，他的鬼魂也會興風作浪，把她捲下海裡去的！」

源氏聽得很有趣，說道：「那祇好讓她去做海龍王妃了！」「對了，對了，」大家異口同聲地笑道：「恐怕這就是老頭子的原意了！」

講這段故事的人是現任播磨守的兒子，在藏人府裡任職，今年才剛剛升到從五品，配在源氏手下當隨從，是有名的獵艷客登徒子。大家低聲議論他道：「他一定是在轉那小姑娘的念頭，引誘她衝破她父親的羈索，才到明石去的！」這時有人說：「我想這位姑娘，在這樣的環境裡，受老古板的管束，恐怕免不了要土裡土氣了，雖然聽說她母親也是名門之女呢。」

「是呀，」播磨守的兒子良清說：「她媽媽家世很不錯，爲了教養她這位寶寶，特地每年由京裡邀請幾位世家子弟到播磨來，和她作伴，讓她得到一些文化氣息。」「若將來有位不講理的人，到了播磨郡的話，」另外有人說道：「儘管老頭子管得凶，恐怕也管不住他的女兒了！」

源氏聽得出神，凡是古裡古怪的事，他都有興趣，他的隨從也都知道他有這樣的脾氣。隨從之中一位，發覺時已過午，而源氏並沒有發病，證明他的瘧疾已經醫好了，歡喜地說道：「咱們可以回家了！」但是老和尚主張再留一些時候，他認爲源氏身上的瘧魔還沒有退乾淨，晚上他還需要替源氏施行一次法術。「我想，」他說，「到明天早上您再回府吧。」大家也都勸源氏就在山裡住一宿。源氏本來早有此意，山裡的一切，對他都新鮮有趣，於是就決定住下來。這時離休息的時間還早，他便命令隨從們去布置，自己單獨帶著惟光到山裡漫步遊覽。傍晚時分霧氣漸濃，他們主僕二人走到了先前在高處望見的那所茅舍邊來了。在西廂裡，有位尼姑正忙著在佛壇前供花，窗前的珠簾半捲，所以由外面可以隱約看見另外還有一位尼姑端坐在一張茶几後面，茶几上攤開一卷經，她正在高聲朗誦，臉上顯出無上慈悲的喜相，年齡約有四十，不像是普通婦人。她皮膚又白又細，雖然很清瘦，但是臉圓圓的也還豐腴。她的頭髮已經剪短了，剛剛蓋過雙眉，源氏覺得她這種打扮，也許比留長髮還更有風韻。有兩個侍女在伺候她，另外屋子裡有幾個女孩子走出走進地在玩耍，這時忽然一個大約十歲的女孩衝進房來，她穿著一件已經舊舊的深黃裡子的白衣裳，但是模樣長得美極了，他從來沒有見過這樣漂亮的小姑娘，「長大了之後，還不知道會多俊呢！」他心裡想。她的頭髮又多又厚，像一把張開了的扇子頂在頭上，這時她臉脹得通紅，嘴唇顫動，氣急敗壞，顯然在生氣。尼姑抬起頭來看著她說道：「怎麼，是不是又跟人吵架了？」這兩人看上去似乎有點像，源氏猜想大約是母女了。「伊奴把我衣籃裡的麻雀放跑了。」孩子懊喪萬分似地說。「伊奴眞淘氣。」侍女說：「眞該好好揍他一頓！」接著她又嚷道：「麻雀飛到哪裡去了呢？我們費了那麼大的勁，把牠養大了，不要讓老鴉看見啄死了。」說著便匆匆走出去了。她長得也很標致，頭髮長長的，侍女們叫她「少納言」，是孩子的看護人。「來！」尼姑對孩子說：「你不能再這麼孩子樣了，一天到晚沒有正經事做，老是胡鬧！現在我已經病得這個樣子，隨時都能不在，你一點也不理會我，祇顧到麻雀！並且我不知道已經跟你說過多少次了，把個生物關起來是造孽，不應該做的。來！到這兒來。」孩子走了過去，乖乖坐到她身邊，她那小模樣兒，眞是嬌滴滴的，尤其她那頭秀髮油亮亮的，像烏雲一樣，由前額一直披到腦後，眞是艷麗驚人。他盯著她看，心裡不斷盤算，如果她長大了不知會像誰，猛然間他憶起了「她」，他心上人來，可不是，就是會像「她」，他不由得感到一陣心酸，眼淚湧了滿眶。

尼姑一面梳著孩子的頭髮，一面埋怨地說：「好漂亮的頭髮！就可惜你不肯好好梳，眞煩人！你這孩子老長不大，別家的孩子，在你這年紀，早就懂事了，你的媽，當她爹故世時才十二歲，已經什麼都會做了。而現在如果我死了，我看你怎麼辦，眞的看你怎麼辦！」說著，說著，她忍不住流下了眼淚。源氏由遠處偷看了這一動人的場面，也傷起心來。那孩子一直注意聽，她羞慚地低下了頭，那一頭烏雲也跟著披散了下來，尼姑滿懷慈愛，看著她那小樣兒，吟道：

柔苞朝露滋，
劬勞何敢辭！
獨恐驕陽出，
化爲飛煙逝。

在傍伺候的侍女，聽了深深地歎了一口氣答道：

朝露！噫朝露！
願汝永相助，
成長尚有待，
柔苞願呵護。

這時屋子的主人忽然由東廂走來，說道：「啊呀！你們敞開窗戶，不怕生人看見你們啊！

我剛才聽說源氏殿下由京裡到山上來醫病。他喬裝改扮，不讓人識出來，今天幾次我都錯過了，沒有向他致敬。」尼姑聽了馬上緊張起來，「眞難爲情，」她說：「他可能已經經過此地看到了我們了。」她連忙把簾子放下，嘴裡繼續說道：「我倒眞想見見這位殿下，聽說他十分瀟灑，連像我們這樣看破紅塵的人，看見了他都會忘記人世間的苦惱，而祇會覺得人生美麗，貪戀地想多活幾年了呢！」

老僧都還沒有離房間之前，源氏已經悄悄溜回到山洞裡去了。他滿心喜悅，今天發現了這樣令人著迷的小佳人！偶然山間漫步，便找到了珍寶，不過這孩子是誰？他想問。反正他想把她接回到家裡去，永遠永遠在他的身旁，無論什麼時候都能和她說說笑笑、散散心，就如同以前和在宮裡的「她」一樣！

他已經睡下了，忽然聽見有人叫惟光，那人說道：「我家主人剛才聽說殿下光臨，特地遣我來邀請殿下屈駕蒞臨茅舍去。我們那裡也有下榻之處。」是僧都差來的人。源氏謙辭道：「十幾天來，我發瘧疾，老也不好，有人勸我上山來求上人替我醫治，我想萬一醫治不好，可能會貶損了上人的隆譽，所以才微服前來的。來了之後當然不敢驚動任何人，所以沒有晉謁僧都，希望僧都原諒，洞裡已很舒適，不想奉擾了。」來人回報去不久，僧都親自趕來了。源氏對於這位僧都，也有些顧忌。因爲他雖然是位出家人，但朝中要員都敬重他的智慧學問，對他十分禮遇。源氏很不願意自己穿得破破爛爛的樣子，被他看見了，將來成爲被他批評的把柄。僧都既然親自來請，只得依從，但心裡免不了有些不自在。管不了那麼許多了，他想，再能看看那小東西要緊。源氏到了僧都的茅舍，只見房子雖然樸質幽雅，但許多地方都是匠心獨運的，花園是利用山上自然生長的花木，加以整理點綴得極爲精緻，因爲當夜沒有月光，所以在溪邊燒了一串火把，又在樹上掛起了很多玲瓏的燈籠。前廳裡布置得一塵不染，由香爐裡飄來名貴的濃香，整間屋子都薰得馥郁芬芳。這些香味，源氏從來沒有聞過，和他薰衣裳的不同，大概是尼姑她們特製的香了，源氏想。

寒暄後，僧都講了很多故事，說明人世無常，業因和果報，絲毫不爽。源氏一面聽，一面暗想，自己所造的孽，已經夠現世報的了，何況還有來生在等著他，不知將來要受到什麼樣的報應。想到這裡，他萬念俱灰，不如找個安靜地方修行算了……但是忽然今天下午所看見的那張可愛的小臉又重現在眼前，他急於想知道她是誰，他打斷了僧都的話題問道：「這裡似乎還有別人和您一起住吧？我冒失地問是因爲有一次我在夢中見過這所房子和這裡的人，今天果然看到了，使我吃一驚！」僧都笑道：「談到您的夢，確實很突兀，說這裡住的人，恐怕也會使您失望。您也許沒有聽說有位按察大納言吧。他去世已久，他的遺孀就是舍妹，舍妹自從丈夫死後，便出家爲尼了，恰巧那時我也不如意，不能留在京裡就搬到山裡來，她聽說了便也搬來，和我一同遁世。」

「我聽說按察大納言有位千金，」源氏進一步問道：「希望您不要介意，我這樣刨根問柢。」「不錯，」僧都答道：「他有個獨生女，十年前也死了，她的父親原想把她送進宮，但是她執意不肯，她父親去世後，祇剩下舍妹一人來撫養她成人，誤聽了媒婆的話，把她嫁給了兵部卿親王爲妾，不料大婦凶得厲害，不斷地虐待她，儘管俗語說：『人不會因受折磨而死』，但我卻親眼看見，我自己的親人，確實是因爲受氣受冤，抑鬱而亡的。」

源氏明白了，那美麗的孩子，該是她和兵部卿親王之間所生的女兒了。難怪這孩子和「她」那麼像，「她」不就是兵部卿的胞妹麼！那麼這孩子也是名門之後了，他決心把這孩子領了過來，養育她。照他的意思來傳授各種學問……「難道這位薄命人，就一點骨肉都沒有留下來麼？」他問。「她生下了一個小娃娃之後不久，便死了，生下的是個女孩子。舍妹沒有法子，祇好把她抱過來撫養，給她取名叫紫，舍妹健康很壞，也許負不起養育的責任呢！」這下完全清楚了。他所看見的小女孩，是尼姑的外孫女。源氏這時說道：「也許您會覺得我很唐突，但是我確有心來撫養這個孩子，請您向令妹提一提。雖然我現在已經有了家室，但是我和內子情意並不相投，內子從來不肯出來應酬，不肯和社會接觸，所以我總是過一個孤獨的日子。紫不過是個孩子，我現在並不是來求婚……」僧都忙道：「我很感謝您的盛情，不過您似乎沒有了解紫不過是個嬰兒呢，您要她來作伴兒，恐怕她還不能勝任！不過爲了孩子的未來著想，正需要有像您這樣的人來維護她，我雖然不能作主，我總盡力在舍妹面前爲您說項就是。」僧都忽然正經了起來，源氏爲自己覺得冒失，有點不知所措。沉默了一陣，僧都站起來說道：「我要去進香了，同時也是我念夜經的時候，不奉陪了。」他匆匆走了。源氏心中耿耿，外面又下起雨來，一陣冷風送來了瀑布的音響，先前好像祇是點滴的水聲，現在成爲怒吼了。遠遠的誦經聲音單調地伴奏著，無論是誰在這種環境裡，也會湧起各種愁思，源氏躺在床上更是感觸萬端，怎麼也睡不著。僧都方才說到了誦夜經的時候，那麼應該已是深夜，尼姑一定沒有睡，也在念經。同時他在靜寂中，聽她手中的念珠偶爾碰在經台上的微響。他於是起來，把隔離客廳和內室的那道紙門推開一條縫，然後他故意張開他的摺扇，弄出點聲音來。裡面的人似乎聽見了，躊躇了一下，然後吶吶自語在黑暗中摸索出來，說道：「我是聽見有什麼聲音。」源氏這時高聲說道：「您衹要跟著菩薩走，就是在黑暗中，也不會走錯的。」他年輕的聲音，在清夜裡格外顯得亮脆，那人似乎嚇了一跳，半晌說道：「菩薩領我向哪條路走呢？我不太清楚。」源氏在暗中答道：「對不起，我衹求您把這首小詩轉給您主人就行了。」他便吟道：

自從窺得弱枝後，
遊子衣袖露不乾。

那婦人答道：「您知道這裡沒有人能懂得這種詩的，還不如說得清楚一點。」「我有特殊的理由，」源氏說：「請您轉給您主人，她會懂的。」果然尼姑接到口信之後，知道源氏是看中了她的外孫女，不過，她想，源氏未必知道孩子還不滿十歲，她於是也作了一首詩，叫那婦人轉去：

偶宿露床羈旅客，
客知山中事事難。

她想藉這兩句詩，告訴源氏，事情沒有那樣簡單，讓源氏死了心。哪知源氏看了之後，對來人說：「我實在不慣於以詩來酬答，不如直截了當地和您主人認認眞眞談一談。」尼姑知道源氏是當朝貴人，不敢怠慢，並且心裡也想看看源氏究竟是怎麼樣的人，便走了出來，施禮道：「雖然我早已不是個年輕少婦，但是我也很不願意這樣地來見您，不過您既然說有要事待商，我祇好應命了……。」「您也許會覺得我唐突，」源氏說：「不過我確是出自至誠，菩薩明鑑。」他說到這裡，看見尼姑的神情嚴肅，不得不停頓了一下。尼姑說道：「雖然我不知道您打算和我商量什麼，不過我祇覺得您所選的方式似乎很特別，並且好像您也很心急的樣子。」源氏於是大膽說道：「我聽說您長期孀居，您千金又早逝，現在您又在苦苦地撫養令千金的遺孤，使得我非常感動。我也是幼年喪母，和令孫女的情形一樣，從小就孤苦伶仃沒有人疼愛，所以我對於令孫女特別同情。因此我很想來彌補她的不幸，我特地來求您能准許我盡一份母愛的機會……。」「您這份高誼，我很感激，」尼姑答道：「不過我想恐怕您弄錯了，我確實是撫養了一個小女孩，但她還很小，您不可能會對她有絲毫的興趣，實在礙難從命。」源氏道：「不然，我很清楚孩子的情形。我誠心地想撫養她，您如果以為我所說的，有過甚其辭的地方，也請您原諒。」很顯然的，他並不以為他所提出來的要求有什麼悖理。尼姑不願意再和他討論下去。這時僧都也快要回來了，源氏說他並不冀望她能夠立刻同意，請她好好想一想再答覆他。

次晨，一片濃霧瀰漫了滿山，連鳴禽的啁啾都喑啞了。朦朧之中，五顏六色的花木就像一幅極大的錦繡。而源氏最感覺到興趣的是那些梅花鹿，在山坡上忽隱忽現地奔馳著，在心曠神怡當中，他完全康復了。上人雖然步履艱難，但還是來替源氏施行了最後的治療，他莊嚴地念了被甲護身法的陀羅尼咒，老人牙齒不全，聲音不免漏風，但字句卻咬得異常清晰。

源氏的朋友此時都趕上山來問候他了，其中有一位是宮裡派來的使者。僧都連忙趕來招待，由家裡翻箱倒籠地把他最珍貴的食物飲料都搬了出來，以饗稀客，然後捧出一杯酒來對源氏說道：「我今年曾經發願要在山裡住一年，所以無法送您下山了。您這次光臨，眞爲我們生色不少，謹祝您前程無量！」源氏接過杯子一飲而盡說道：「我本來也志在山水，倘若我能自由的話，實在不願離開此地，但是現在父皇擔心，我不能不先回去。不過在這花開時節，我會再來。」他順口吟道：

歸語宮中人，櫻開正好春。

莫任狂風起，花落空沾巾。

他的聲音宏亮悅耳，僧都聽了不勝讚美，吟道：

優曇花開三千年，何幸今朝得拜顏！
山櫻姚姚難免俗，從此無心刻意憐。

源氏遜謝道，我怎麼能比得上優曇花！上人也拿了一杯酒來敬他，口中念道：

山居柴門原不開，此生幸得見奇葩。

他含著淚水，送源氏一根獨鈷杖，作爲護身之用。僧都也將他所珍藏的一串金剛子玉做的念珠，送給了源氏。這串念珠，是以前聖德太子由百濟得來的古物，裝潢還保持著原來的唐風，是用一個鏤空袋網裝著，上插一枝百葉松。另外又送他一個青瓷壺，裡面裝的是藥，以備不時之需。臨時又採了大把的藤花、櫻花，源氏也都一一收下了。他吩咐趕快由京裡辦些禮物上來，首先布施給上人和他的門徒，然後普及到其他各人，連山上的居民都分到了一些有用的東西。在他誦完經，預備起身的時候，僧都去找了他妹子，徵詢她關於小紫的事，她有沒有做決定。她說：「現在還早，等三五年後，貴人還沒有改變心意時，再說好了。」僧都將這話轉達了之後，源氏非常失望，他便託了僧都家裡的小傭人遞了一張紙條給尼姑：

昨夜暮靄裡，

朦朧鶯艷花；
獨恨今朝霧，
芳蹤竟盡遮。

尼姑馬上覆道：

知君戀弱花，
柔苗信堪誇；
風雨縱不測，
呵護刻意加。

她的筆姿秀勁高貴，一點沒有造作的樣子，確是一位很有修養的閨秀。

正當車馬齊備，預備上路了，忽然又有一大批人趕來，都是大臣府裡的人，頭中將、左中辨都來了。他們怪源氏道：「你一個人跑到山上來，也不通知我們一聲，眞該罰。」另外一個說：「我們跑了這麼遠的路，連風景都沒有欣賞，馬上就要回去，豈不寃枉！」說罷，他便坐下了。「讓我們都休息。」大家嚷道，便團團坐在岩石旁的青苔上，他們拿出一大瓦壺的酒，便輪流喝起來。一條溪水在石間奔流，形成了無數的小瀑布。頭中將抽出他的簫來，嗚嗚地吹了幾支曲子，左中辨一面用他的扇子拍板，一面唱起那支名歌「豐浦寺之西」，這些來迎接源氏的貴公子們，一個個都是英才煥發的漂亮小夥子，但比起源氏來就相形見絀了。他斜倚在一塊巨岩邊，丰姿瀟灑，秀逸逼人，無論是誰，都免不了要多看他幾眼。他的隨從裡，有會吹篳篥的，有會弄笛子的，這時也一一現了身手。僧都由家裡搬出他那張琴來，親自送到源氏面前說道：「請您隨便彈彈，也好讓山中的群禽吃驚一下。」源氏無奈，雖然心裡並沒有這種雅興，但也不願意過分掃興，勉強彈了一下，便起身告辭了。山裡的人都十分惋惜，不忍讓他走。不論是法師還是兒童都含著淚，上了年紀的尼姑心裡更是捨不得，歎道：「眞不像是今世之人呢！」僧都也說：「實在不知道是什麼天機，這樣的人竟讓他生在日本的末世，眞令人不勝悲戚！」說著禁不住熱淚又流起來了。小紫雜在人群中也說道：「眞是個好人，他好像比我爸爸還要好吧！」「那麼你就去當他的女兒好了。」她身旁的侍女說。「也好呀！」小紫說。從此以後小紫心上總有個源氏的影子，她不論是畫畫還是玩玩偶，總忘不了源氏。給玩偶穿上最華麗的衣裳時，總是叫它爲源氏了。

小紫

源氏回家之後，馬上進宮參見皇上。皇上看他瘦削的樣子病容猶在，十分關切。然後又垂詢了上人的法力，源氏都一一委細地上奏了。「本來朕早有心封他爲阿闍梨了，」皇上說，「可憐他一意苦行，不願受誥封！」連連歎息。

左大臣源氏的岳丈這時也在殿上，他看見源氏病癒歸來，更是滿心歡喜，他們翁婿二人同時退下殿來，左大臣說：「我本來也打算和他們一起去接你下山的，祇因爲想到你這次是瞞著人去的，也許你有所顧忌，因此我就沒有去了，現在該回到我家裡來，好好休養幾天了吧！」他一把拉著源氏說：「我們一起走吧！」左大臣的座車早在宮門等候，左大臣搶著坐到後車，讓上位給源氏坐了。老丈人的體貼厚愛使得源氏又感激又不安，反而不知如何是好。許久沒有回左大臣府了，祇覺得收拾得一塵不染，好像一座玉台一樣，應用品也樣樣準備得妥妥貼貼的。祇是「葵」，自己的妻，依然不見，左大臣差人去請，千呼萬喚才姍姍走了出來，她簡直像圖畫裡的公主，美麗端莊，但多少有點矜持。使得源氏本來有滿肚子的話，想把山中所見一五一十地傾倒出來，卻一句都說不出來了。她那副凜若冰霜的樣子，使他倒抽一口冷氣，他立刻想到這年來的隔閡，使得他們二人越來越生疏了，源氏不由自己地說道：「我們能不能像世間一般夫妻那樣，知道對方病了，來慰問一下『你怎麼樣了』呢！雖然這也算不了是什麼了不起的一句話，但讓人聽了，總會舒服一點吧！」「哦！」葵說：「你也知道沒有人理睬，會讓人難受麼？」說著她回頭凝眸一看，雖然略有慍色，但仍然保持著高貴的氣質，隱藏著無限的美。源氏說：「你難得說一句話，一開口便要傷人，說什麼沒有人理睬不理睬，我每次想和你親近一下，都讓你冷冰冰地碰了回去，希望你總有一天回心轉意，看命裡怎樣安排吧！」他說罷，憤然地走進臥室裡去便躺下了。「葵」沒有跟他進來，他心裡煩得很，歎了一口氣，想道：「不去管她了，反正也沒有辦法，世上有那麼多事，何必在乎她呢！對了，有那小東西，我眞想一點一點地看她長大起來，看她由少女變成嬌艷的麗人，這才開心呢！」他忽然又懊惱起來，「雖然有心護花，但她老祖母也說得對，她實在太小了，這時是沒有法子領她過來。最好她們能搬進京裡來住，就可以朝夕和她相聚，就是解解悶也好哇，她的爸爸兵部卿雖然有教養，但人並不見得漂亮，爲什麼這孩子會偏偏長得那樣標致呢？對了，是像她的姑母藤壺妃，藤壺妃不就是兵部卿的胞妹麼？對了，她長大一定會像藤壺妃！」這時他聯想起藤壺妃來，他一直深深愛戀著的藤壺妃！

第二天一早，他便寫了信給僧都，把他的計畫又提了一下，另外又寫了封信給老尼，表明他的心跡，寫道：「鄙意未蒙嘉納，悵惘殊深，無已唯有暫作罷論，竊念所圖當非輕妄，實出肺腑，諒蒙垂察。」他又附了一首歌：

刻意泯癡心，無端又見山櫻。
倩影難離身，花落知多少，夜來風雨聲。

老尼接到來函，雖然她早已心如止水，但是接到這樣情詞並茂的信，字又寫得飄逸，連摺束的方式都脫俗不凡時，也不禁古井重波，覺得這年輕人眞的十分可愛了。她充滿了同情，想寫一封語氣和緩的覆信，她提筆寫道：「前者尊駕蒞止，得接清儀，幸何如之，所談實已畢其辭，今蒙賜書，不勝惶悚，小孫稚幼，今尚未能臨摹難波津帖，遑論其他，容他日有緣再侍左右，尊歌唯有代答如左：

風雨幾經番，花開幸未殘；
好景終難常，思之泣汍瀾。

僧都的覆函也和老尼的相彷，源氏雖然失望，但他卻不死心，兩三天後，他又命惟光送封信給老尼，囑咐他順便去接交一下小紫的保母少納言，探探她的口氣。惟光奉命之後想道：「我主人眞怪，他祇見了那女孩一面，就這樣迷戀，認爲她是個絕代美人，他下一步不知要耍什麼花招呢！」

僧都接到專差送來的信，認爲是無上的榮寵，十分高興，對於使者自不免要竭誠招待，惟光藉機便去找到了保母，將源氏要他轉的話一一說了，他本來口才就好，於是他便加油加醬地把他主人的爲人仔細描述了一番，使得少納言心中也覺得奇怪，怎麼源氏會對這樣一個小姑娘發生這麼大的興趣呢！源氏的信裡，特別提到了老尼函中所說孩子已經臨摹難波津帖，他想要一兩張她所臨的字，並且附了一首歌，是把《萬葉集》中的詩句改編的。詞曰：

玲瓏安積山，盪漾井中影；
井淺影依稀，令我長懷縈。

老尼答道：「汲井徒增悔，何堪任影憐。」惟光得到了覆書和詩句便回京覆命，他帶來了好消息，老尼健康好轉，她不久便打算帶小紫回京了，源氏聽到了之後，十分興奮，他便安心等待那一天了。

這時藤壺妃忽然不舒服起來，照例妃嬪有病必然要回到娘家去治療。雖然皇上好生不捨得，也衹得讓她出宮去了。源氏雖然同情父皇，但他想這樣一個好機會，他不能錯過了。他聞訊之後，整天激動得不得了，眞是坐立不安，要想找個藉口去和她親近一下。好不容易捱到了日暮散值，秘密找到她的侍從命婦，也是他的熟人，央求替他遞一張條子去，命婦明知道這種行爲要不得，但可憐他那副失魂落魄的樣子，終於還是把他那封情書送給了藤壺妃。藤壺妃想到了和他過去的那段孽緣，如噩夢一般，永遠痛苦地糾纏著她的良心，她決心不能再犯同樣的錯誤了。她想：「好，接見他，來說個明白。」她對他非常冷漠，可是掩飾不了她的艷麗，她本想使他死了那條心，殊不知欲火中燒，兩人見面之後，那件事還是發生了！良宵苦短，在枕旁，她耳邊，他囁嚅吟道：

今夕共枕席，黑甜甘如蜜；
願爲夢中人，長在南柯覓。

她立刻答道：

但願得長眠，藉使遮我羞；
人言良可憂，將恐千載留。

源氏聽她此言，如冷水澆頭，渾身戰慄，知道她在羞愧、懊惱，連忙起身，倉皇奔出門外，衣裳都來不及穿，使得命婦不能不追出去，把他的服裝什物還給他。他回去之後，睡在床上，整天悔恨，他寫了一封長信，但是原封不動地被退了回來，他心裡更是難過，足不出戶地悶了自己幾天，又怕父皇寂寞，要宣他去陪伴，提心吊膽地過了一些時，聽說皇上對於藤壺妃的健康十分掛念，幾次要接她回宮都讓她婉拒了。藤壺妃這時的確也整日裡枯坐愁城，自怨自艾，恨自己意志不堅，一失足成千古恨，她又沒有法子向人傾訴，祇有獨自一個生悶氣，越發使她身子衰弱了下去。天氣漸漸暖和了起來，她更懶得起床了，誰知自從那天一夜風流之後，竟珠胎暗結，她又惱又怕，經過三個月，再也掩飾不住了，她的侍女都覺得奇怪，爲什麼這樣的大喜事，不去稟奏皇上呢？祇有她貼身的命婦算了算日子，明白其中的蹺蹊，是她闖的禍，那天是她領他來的，但是天大的秘密她怎麼敢洩漏出去！不久宮中正式傳出了喜訊，藤壺妃有喜。她也沒有什麼病，祇是孕婦常有的現象，大家也都深信不疑。

皇上更是高興非凡，欽使每天往返，都來報告他藤壺妃的情況，皇上的憂慮一掃而空了。不過源氏卻接二連三地做噩夢，他請了一位圓夢的人來圓，源氏把夢中所見細細說了一遍，圓夢的人說：「不好，做此夢的人，必定做了錯事，當心有禍！」源氏忙說：「不是我做的夢，是朋友託我來圓的。」他嘴裡雖然這麼說，但他知道，所做的錯事，必然是和藤壺妃的懷孕有關了。他寫了長長的一封信給她，但這回命婦無論如何不肯再替他轉了，連一張小條子她都不收了。

懷孕七個月之後，她回到了宮裡，皇上龍顏大悅，對她百般愛護，她那豐滿了的軀體和瘦削了的面龐，皇上更覺得她楚楚可憐了。朝罷無事，皇上便來陪伴著她，在後宮裡舉行了各種宴會，每次有這種遊宴盛舉時，源氏總免不了要奉召出場，有時命他彈琴，有時命他吹簫，他呢，總是要裝著若無其事的樣子，而在她，則是一個長時間的懲罰。

老尼的健康好轉了一些，她帶著外孫女住到京裡來了，源氏打聽到她住的地方，便去信問候，但是老尼的覆音，一直都保持著原來的語氣。在這幾個月當中，源氏還是想著小紫，但總想不出一個好辦法能達到領養她的目的。秋天到了，秋色惱人，在一個月明之夜，他忽然想去探望一下他那老情人，他由宮裡出發往六條方面去的途中，忽然下起大雨來，在張望一個躲雨的場所時，看見幾棵古樹的旁邊，有一所破敗的房子，他問道：「這是什麼人的住宅呀？」惟光一向都跟隨著他的，應聲答道：「這就是故按察大納言的家呀，前兩天我還來過，他們說老尼又生病了！」「你爲什麼不早告訴我！」源氏說：「我該早來看她，向她請安的。」吩咐惟光道：「你快去通報，說我來看她！」惟光立刻傳令下去說殿下親自專程來訪了，屋子裡的人一陣騷動，雖然女主人已經病了幾天不能起床，但是這樣一位貴客，不敢不請進來坐，地方是太侷促了，一位女傭人惶恐地出來招呼。「我早就想過來請安了，」源氏說：「不過我三番兩次寫信來陳述我的計畫，總得不到她老人家的同意，我深怕再碰釘子，所以不敢來，但是如果我知道她老人家又病了的話……」話未說完，只聽見裡面老尼的聲音說：「你告訴他，我現在人還清楚，可能馬上又會糊塗起來，他能在我垂死前來看我，我很感激，但是很抱歉不能和他面對面談，你告訴他，倘若他還沒有改變他的初衷的話，務必請他能收留她，當她做個小丫頭好了，我留下她孤零零一個，心裡實在不忍，就是這點孽根，讓我不能瞑目呢！」

她的房間就在隔壁，而紙門又很薄，所以她吩咐少納言的話，聽得很清楚，他甚至連那顫抖悲愴的聲音都聽得心動，他又聽她在跟一個人說：「他來看我，眞好眞好，可惜孩子還不懂事，不然要讓她來好好地去謝謝他！」源氏對少納言說道：「眞不用謝我，自從我看見了這孩子，我就對她著了迷，恐怕是前世的因緣，不可能光是今世的愛戀，我很冒昧，我想聽聽她的聲音，在我走以前，能不能讓她出來一下！」少納言說：「那可憐的小東西，她睡得好熟，她哪裡知道世上有那麼多災難！」正在這當口，突然在內室裡有人翻動，一個清脆的聲音叫道：「婆婆，婆婆！源氏君，到山上來看我們的源氏君來了，您爲什麼不讓他來和您談談呢？」「噓，噓，」侍女們阻止她，「不要響！」但是孩子不聽：「婆婆說過，她見到了源氏君，就會覺得好些的！」源氏隔牆聽了，有說不出的高興，侍女們尤其聽她說那後一句，免不了覺得難爲情，只當是沒有聽見。源氏滿足了，他這次的拜訪得到了意外的收穫，小紫，不錯還只不過是個孩子，但是如果能把她領來，慢慢教她，該多快樂呀！他想。

第二天，他又正式去拜訪，一到之後，便在一張紙箋上寫了一首詩：

雛鶴聲清脆，初聞動我心，
葦中今駐舟，側耳更傾聽。

因爲是寫給小紫的，所以他特地把字寫得大大的，故意學孩子的書法，但是仍然極其挺秀，侍女們都說，這可以做範本了，讓她每天照著臨吧！

少納言寫了張條子過來：「主人自知不久，昨囑移往山中寺內，現已在途中，台從枉駕事，當即飛報，再遲恐不及見矣。」源氏接到之後，深受感動。

在這種秋天的晚上，源氏心裡總是七上八下，神魂不定。他念頭很多，癡戀的人在深宮裡，是不可即了，祇好集中到和她有血緣的小紫身上去了。他想把她領過來，這個願望一天比一天強烈。他想起初次在山上看見她時的景象，和老尼吟的詩句，淒涼傷感，獨恐驕陽出，化作飛煙逝……現在好像已在目前了。「咱們不能再猶疑不決了。」他想，於是他又擬了一首歌辭：

柔草出紫根，溪邊何菁菁；
會當親采擷，永作手中珍。

這時已將屆十月，皇上要行幸朱雀院主持紅葉節了。貴族中的子弟都要參加舞蹈，因此大家都忙著練習。忽然源氏想起了已經有很久沒有他山裡朋友的消息了。他派了一位專差去打聽，結果收到了僧都一封信：「上月二十日舍妹逝世，雖云有生必有死，然亦不能無悼痛耳。」源氏讀罷，也不禁悲從中來。人生的短促和人世的無常都使他想到自己的處境。他想到了小紫，老尼那樣放心不下，她還是撒手人寰，不能再照顧她那個可愛的孫女了。他自己喪母時的情形，他已記不起來，但是總還留下了一些暗影。他沉痛地寫了一封慰問信去，不久接到覆函，是少納言的代筆，寫得也很懇切。

喪期過了之後，小紫被人帶到家裡了。源氏聽到了消息，便選了一個安靜的晚上，造訪那所房子。原來也是個大邸宅，不過現在年久失修，已經在半倒塌的狀態了，他想，這樣的房子，對孩子的心理也不好。他被邀請到曾經來過的那間小廳裡。少納言在號咷中，斷斷續續地將老尼臨終的情形說了一遍。源氏也不能不感動。「我原打算把她送給她父親兵部卿那裡去，」她說，「不過我想到她那可憐的媽媽，就是在那家受盡了折磨才死的。倘若她祇是一個抱在手裡的嬰兒的話，我也會把她送過去，可是她現在已經夠大了。若其他孩子對她不好的話，她會覺得的。所以她外婆一直說，直到她臨終的時候還在說，您對我們太好了。如果她能到您府上去，她就放心了。哪怕祇是短短的一段時間都好。以後她稍微大一點，就不要管她了。可恨她太小，她配不上您，倘若您能娶了她該多好。」「你不用老提醒我她還是孩子，」源氏說，「就是因爲她是個孩子，才引起我的同情心。並且說實話，好像我們有緣，我們的靈魂已經結合了。讓我自己來跟她說我們現在所決定的計畫。」他順口引了一句詩：

安能如逝波，飄入蘆叢去復回。

她會不會誤會我的意思呢？少納言說：「我一定要叫她來見您，讓她聽清楚了您的眞意，否則她也不會像海藻隨波轉的，我不能讓您空跑一趟，見不到她就走的。」於是他就靜靜等候小紫出來。在等的時候他獨自一個唱了一首老歌：

要翻過逢坂關呀，有多困難……

侍女們聽了他那嘹亮的歌聲，沒有一個不讚歎的。

小紫這時想婆婆，躺在床上哭。一個侍女跑來說：「外面有位客人穿著長褂在等你，可能是你爸爸呢！」她聽了一骨碌跳起來叫道：「少納言呀！穿長褂的客人在哪裡，是不是爸爸來了？」喊著就衝進廳裡。「不是你爸爸，」源氏說，「是一位要你喜歡他的人，來！」小紫發現她說錯了話，覺得好難爲情，便跑到少納言面前低聲說：「我睏了，我要睡覺。」源氏說：「你不要認生了，你要睡，就睡在我腿上好了，你要不要和我聊聊天呢？」「您看，」少納言說：「這孩子一點都不懂事。」說著便把她推給源氏。她站到他面前，源氏探手到她外套裡面，摸到她那油光光的頭髮一直垂下來，眞是美極了。他就去拉她的手，她似乎沒有過這樣的經驗，趕快縮了回去，驚惶地叫道：「我要睡覺！」說著便往內室裡跑。他追了過去說：「別跑！別跑，現在婆婆已經死了，你該來愛我了！」少納言看源氏失常的樣子，忍不住說：「太過分了！您怎麼能對這可憐的孩子說這樣的話！」「你也許對，」源氏說，「不過像我這樣的用心，世間少有的，你放心好了。」

外面在下冰雹，眞是個恐怖之夜。想起在這種情況下，留她在這所破敗的屋子裡，委實不忍。他命令道：「把門關上，在這可怕的風雨之夜，我要留在這裡看門了。來，你們大家都靠攏些。」他說得很自然，也好像很平常，他抱起孩子送她到床上，侍女們不知所措，不能動彈。少納言對他這樣魯莽的作風，雖然不安，但似乎沒有制止的理由。祇能守在她那角落裡歎氣，小紫開頭的反應免不了驚慌，不知他要拿她幹什麼，嚇得發抖，尤其當他碰到了她那涼涼光滑的皮膚時，她會渾身起雞皮疙瘩。源氏知道她緊張，慢慢把她的衣裳一件件地替她脫了，剩下一件單衣，讓她睡下蓋好之後，溫和地說：「你願意不願意和我一起到個地方去，那裡有很多好看的畫，很多好玩的玩物。」然後他又講了一些她喜歡聽的故事，她逐漸不怕了，但是很久很久還是睡不著。

外面，狂風暴雨還是不停。一個侍女和另外一個低聲說：「如果不是公子在這裡的話，我們不知道嚇成什麼樣子了呢，我一定會嚇昏了。」而少納言心裡則在想，「可惜我們小姐年齡小了些，否則配給他，該多好呢！」她一直守在源氏的身旁。

好不容易風停了，天也快亮了。這時回家，誰都不會覺得奇怪了。源氏說：「這孩子，我愛極了，簡直是我的寶貝，現在在她苦惱的時候，更不願意離開她，哪怕是片刻，我都捨不得。我必須帶她到個地方去，隨時能看得到她的地方。這裡這樣破敗，她會害怕的。」「她爸爸就會領她回去的，」少納言說，「不過恐怕要等過了婆婆的七七。」「在普通情形下，」源氏說：「當然她父親該領她去，不過她一直是由別人養大的，就沒有理由非跟她父親不可了，跟我去不也一樣嗎！我雖然認得她不久，但我相信我一定比她父親還更喜歡她。」他一面說，一面攏著小紫的頭髮，然後依依不捨地離開了房間。室外下著濃濃的霜，看出去一片白茫茫的，很厚的一層霜蓋在草上。他忽然覺得可惜，昨夜這場遭遇不是眞正的幽會，心裡感覺到說不出的空虛。

在回家的途中，恰巧又路過一個老相好的住處，敲了半天門，沒有人應。他便叫一嗓音特別響亮的隨從替他朗誦：

濃霧彌天天如墨，我在門前不得入！

唱了兩遍之後，一個僕人閃了出來，毫無禮貌地也唱道：

縱有濃霧蒙籬前，蓬門未閉任君開。

他唱完便進去了。他等了一會，沒有人出來，雖然他不想回家，但又有什麼辦法！這時天已大亮，回去之後躺在床上，回想小紫的小模樣，她那說話的神情，心裡高興，獨自一個傻傻發笑。一直到了中午，他起來想寫封信給她，但怎麼也想不出適當的字句來，結果衹好挑了幾張畫，差人送去了。

兵部卿早就應該來看女兒了。總算有一天他來了。幾年都不到這大邸宅來，他發現已經傾塌得不成樣子。他對少納言說：「這樣的地方，實在不宜讓孩子住，我馬上就帶她走。我家裡房間多得很。你呢，也可以到我家裡當管家。在我那裡也有很多兄弟姊妹和她玩，不會寂寞的。」於是他把孩子叫了出來，發覺她身上有香味，是源氏抱過她的關係。「你衣裳很香，可是爲什麼你衣裳穿得這麼素？」他突然想起了她尚在服喪中，知道失言了有點不自在，說道：「我從前總對她外婆說，應該讓她常常來我家裡玩，讓她習慣習慣我們的生活方式，可是她不肯，一年到頭都不許她離開她，讓她和病人在一起，而她老人家不但病，並且精神也頹唐，可是她一直對我不諒解。同時我那一邊的人實在也很難纏，就連到現在，都未必說得通……」少納言打斷他的話說：「倘若是這種情形，這裡雖然枯燥，我看暫時還是不要動的好。」

婆婆死後，小紫一直悲傷，也不好好吃東西，所以瘦了很多，但是還依然那樣美。兵部卿慈愛地看著她說：「你不能再哭了，人死了是沒有辦法的。我們應當勇敢地承當起來，現在有我作主了，你不要怕了……」但是時間已不早，兵部卿不能不回去，孩子看他要走，又放聲大哭起來。兵部卿心裡也難過，灑下幾滴眼淚來，安慰她說：「別難過，明天我就來接你。」他說完就走了。孩子還是哭哭啼啼的，她倒不是想她自己，她還不會替自己打算，祇是那麼多年的伴兒，從來沒有離開的，現在忽然沒有了。她年紀雖然很輕，但是也受不了這樣的打擊。平時喜歡玩的遊戲，她也不玩了，白天事情多有時還會忘記，但是到了晚上她的悲傷就更厲害了。少納言也沒有法子安慰她，也不知道這樣的情形會拖到什麼時候。在絕望的苦痛中，她也祇有以淚洗面了。

惟光來了。他帶了源氏的口信，說這兩天他宮裡的事忙，分身乏術，不能來看她。惟光帶到口信之後，便吩咐源氏家裡的一個僕人，要他留在這裡看門值夜。少納言辭道：「貴主人的好意，使得我們無法接受。他也許以爲派個人來毫無所謂，但是如果孩子的父親知道了的話，會以爲我們不懂事，把小姐送給了一位已婚的人看管了。」她於是對所有的侍女們說：「你們都要當心呀，不要讓孩子將來告訴她爸爸有看門的人來過。」但是孩子好像還不清楚這種重要性。少納言對惟光發了很多牢騷之後，又說：「我覺得，總有那麼一天，她會做他的夫人，這是命中注定了的。不過現在還早。他似乎也是這樣打算，但我看不透他究竟想怎麼辦。不過今天兵部卿來過，他囑咐我要好好看著她，我不能不承認我對於你主人已經太放縱了。」說到這裡，她頓住了，深怕惟光傳話傳錯了惹起源氏的誤會，她搖搖頭不再說下去了。她實在沒有說錯，連惟光也不知道源氏究竟想怎麼辦！

源氏聽到了惟光的報告之後，對於孩子的遭遇更同情了。他想立刻去看她。但是他又怕那些無知無識的人又來亂造謠言，誤認為她不是個孩子，而鬧出了一些緋聞，就難聽了。所以最簡單的辦法是把她接回家裡去。他整天都在給她寫信，但是到了黃昏時分，他又派惟光去到她家，說今天又不能來了。少納言沒有好氣地答道，孩子的父親明天就要接她走了，她們沒有時間來接待客人。尤其各位侍女們都很徬徨，要離開這住慣了的老家，搬到一個新的大家裡去，都有點膽怯……她的語氣也很不客氣，示意讓惟光早點走！

源氏這時在左大臣家，葵還是一言不發，他沒奈何衹好自己拿出琴來彈，然後唱一首老歌：

風雨淒淒夜，何為棲遑越田野？

他是故意唱給葵聽的。他充滿了情感唱，但是聽者似乎沒有感覺。惟光來了，他馬上聽惟光的報告。他想糟了，倘若她父親把她接走了的話，就難得再看到她了。如果等她到了父親家裡再把她接走，不就等於綁拐，是賊了麼，豈不要鬧大笑話。所以不如現在立刻行動。他吩咐惟光，「明天天一亮，我要出去。你叫車到這裡來，另外叫兩個隨從跟著我去。」

反正都會鬧出笑話來了。她雖然還不過是個孩子，但是謠言會散布出去，為什麼他偏偏要接她到家裡？管他呢！讓他們隨便猜吧！最怕的事，是兵部卿要知道是他幹的必然不肯干休，而將人家的孩子拐走，也是很嚴重的罪名。不過機會不可失，如果他放走這樣的好機會，以後一定會懊恨。他終夜不能睡，天沒有亮就起來了。葵一點也不關心他的行動，還是那樣冷漠漠的。他對她說道：「我忘記了一件事，我得回家去一趟。」說罷就悄悄溜了出去，連傭人都沒有發覺。車已經在等，惟光騎著馬在車後跟隨，他們趕到小紫家，敲了半天門才有人來開。惟光命令隨從把車輕輕推進大門來，他就去喚醒少納言，「我們主人來了，」他說：「但是小姐還睡著呢！」少納言說：「這麼夜深，殿下來做什麼？」她以爲源氏是由什麼地方夜遊回來，路過這裡。「我聽說，」源氏由車裡走出來說：「她父親今天要帶她走，我有要緊事要和她說。」「無論什麼樣的事，我相信，她都會認眞和您談的，」她笑道，「和一個十歲的孩子，會有什麼要緊的事好談！」源氏這時衝進了內室，少納言叫道：「您不能進去，裡面有很多女人還在睡覺！」源氏說：「不要緊，她們都睡得很熟，我祇是來和孩子說兩句話。」他找到了她，彎下腰去叫醒了小紫，說：「朝霧已經散了，該起床了！」少納言還來不及說話，他已經把她抱起。小紫還沒有醒透，惺忪中以爲是她父親來接她。「來，」源氏說，攏攏她的頭髮，「你父親要我來接你去！」她一看，才知道錯了，不是她爸爸，想掙扎。「沒有關係，是你爸爸或是我，都一樣。」源氏叫著把她抱出門。惟光和少納言都吃驚地問道：「他想幹什麼？」「我不是告訴過你，」源氏朝著少納言說：「我不能常常到這裡來看她，我必須找個好地方來安置她，我聽說你打算把她送到另外一處，比這裡更不容易看得到的地方。所以……你準備和我一起走吧。」

少納言這才明白他要帶她走了，便緊張起來，說道：「這眞太不是時候了。今天她父親就要來接她，我怎能跟他說呢！您是不是能等一等，一定會說得通的。您這麼做，對您沒有好處，徒然把我們都害苦了。」「好！」源氏說：「你們要怕事，就都跟我來！」他不理少納言，把孩子抱進了車，這時孩子嚇得哭了，但是誰也不敢公然來阻止他。少納言把昨夜替孩子縫好的衣裳拿著，捲了一個包袱，然後自己又換上了一件最漂亮的衣服，坐進車裡了。源氏的家本來就不遠，天未亮，已經到了。他們在西廂下了車，源氏輕輕把小紫抱下車，少納言好像做了場噩夢，躊躇了一下，不知該怎麼辦才好。源氏說：「隨你的便，如果你要想回去，我再送你去，孩子是已經到了安全地帶了，我已經如願了。」她不得已也衹好下了車。這樣出人意料的舉動，已經使得她惶惑不安。又想到兵部卿來撲個空時，更使得她不知所措。她擦乾眼淚，衹有默默禱告了。

西廂已經好久沒有人住過，所以家具都不全，不過惟光很能幹，很快找到了一些屏風帳幔，布置一新了。源氏叫人把他的寢具搬來，預備睡覺了。小紫的寢室就在他的旁邊，他也讓她睡覺。小紫到了陌生地方，戰戰兢兢，又不敢哭，說：「我要和少納言睡！」「不行！」源氏說：「你已經大了，不能再和保母睡，你應該乖乖自己一個人睡。」她不敢不聽，獨自一個躺在床上，哭了好一陣迷迷糊糊地睡了。少納言越想越不是味道，在黑地裡坐了一夜，到了第二天，她朝周圍一看，這所房子果然豪華。不但內部裝修考究，就連花園裡的白沙都像是寶石，現在家裡不光是女人了，也給了她一種安全感。

早上來打掃的工人不斷地走來走去，在她窗外有人低聲說道：「有人來住了！」「是誰？」

「一定是位貴夫人了！」

由東廂送來了大盆的熱水洗澡，一會又送來了早餐。源氏等到了日高三竿才起來，他關照少納言道：「昨天晚上我邀了一些孩子來，專門陪伴小紫的，不能讓她覺得太孤單。」說罷，便命侍者去把東廂的小朋友請來，果然來了四個非常可愛的小東西，都差不多年華。

小紫還沒有醒，裹在源氏的外衣裡睡得好香。好不容易才睜開了眼睛，「你不能再不高興了，」源氏說：「倘若我不是眞歡喜你，我不會這樣來看顧你，小女孩應該乖，應該聽話。」他已經開始教育她了。

現在他能從容地觀察她了。和她談話間，他發現她比他想像之中還更可愛。他找了一些美麗的畫片和好玩的東西拿給她，千方百計使她開心。慢慢地又教她怎麼樣打扮自己。雖然她還穿著深灰色的孝服，但已經很漂亮很可愛了。她又笑又跳地忘了過去的悲傷，源氏看著她，也不斷地笑逐顏開。他到東廂裡，辦他正經事時，她就到花園裡去，有時她跑到樹林裡，有時跑到湖邊去，有時去看結滿了霜的花圃，亮晶晶的一片，好像一幅畫一樣。而那些川流不息的傭人穿著五顏六色的衣服，走來走去，更使她覺得這個地方眞好玩。回到家裡，牆壁屏風上也有很多圖畫，讓她百看不厭。

源氏接連兩三天都沒有進宮應值了。他整天都在陪小紫玩。他拿出很多畫，一幅一幅講給她聽，然後讓她收起來，訂成一大冊子。他又寫了那首有名的武藏野詩，在紫色的詩箋上，用很粗的墨色寫的，格外漂亮，然後又用細筆寫了一首詩：

武藏池畔花，葳蕤承露發；
老根恨不見，獨喜見新芽。

「來！」源氏說。「你也來寫幾個字。」「我還寫不好呢！」她望著源氏，十分天眞，源氏也忍不住笑了。「你就是寫不好，也要練呀！讓我來教你。」她滿眼含羞地看了源氏幾眼，開始寫了，她那抓筆的方法雖然完全是孩子樣，源氏看在眼裡，覺得格外好玩。「我寫壞了！」她叫道，滿臉飛紅，把字蒙起來，不讓他看。他搶過來看她寫道：「你說的武藏是什麼，那花和我有什麼關係。」大大的字，雖然是很幼稚的小孩子寫的，但是筆姿有點像老尼所寫的了。他想，假以時日，的確是個可造之才。

他們兩人然後去搭玩偶的小房子，玩得很久很久，源氏玩得高興，幾乎忘了一切憂慮。留在小紫家裡的傭人，當兵部卿來接小紫時，都狼狽不堪，幸而他們都不知道她們到哪裡去了，祇知少納言把小姐帶走了。兵部卿萬分失望，他想也許是老婆婆影響了少納言，認爲孩子到了他家會受苦，所以把她帶到個地方躲起來了。他回到家裡焦急懊喪，到處打聽都無下落，遣人到僧都那裡去問，也毫無消息。兵部卿自從看見他女兒之後，也覺得她非常可人，現在忽然又不見了她，回想往事，又沉痛又悔恨，而他的夫人對於小紫的媽媽已經萬般仇妒，想到連小紫都不能由她管，更是一肚子氣。

小紫現在已經完全習慣了，她的小朋友們也和她玩得很開心。她的源氏君不在家時，偶爾也會想起婆婆來，流幾滴眼淚，但是她從來沒有想到爸爸，實在對他的印象太淺，現在她已經有了另外一個爸爸，她一天比一天更喜歡他，不管他由哪裡回來，她總是第一個跑來歡迎他，於是各種遊戲就開始了，並且有說不完的話，她會坐到他膝上，一點也不害羞了，世上實在不可能有比這樣的伴侶更好了。如果她再長大一些，就沒有這樣單純了，她可能會懷疑他別有所戀，會不高興，會發生種種想像不到的事故來。但是現在她祇是他的一個可愛的活玩意兒，而如果眞的是他的女兒的話，根據禮法，他似乎也不能永遠這樣毫無顧忌地和她親密下去，但是現在他什麼都不在乎，他對她，眞是不受任何拘束的。

相愛何須問姓名

二月二十日，皇上在南殿的大櫻花樹下，大宴群臣。已經晉冊爲中宮皇后的藤壺，和東宮太子都臨席坐在皇帝的左右。弘徽妃滿腹不高興，也不能不出來參與盛會。幾天來，一直陰沉的天氣忽然開朗，陽光普照，百鳥齊鳴，眞是春光明媚，令人心神俱暢的好日子。宴前照中國詩會的方式，每一位賓客都要到御座前領韻，由皇上探出一個字來交下，輪到了源氏，那時他已升任爲首席中將，領得韻之後，他高聲唱道：「探得『春』字！」清脆宏亮，響徹四座。接著頭中將也走向御座，他意識到眾目睽睽都注意著他，爲了予人以好印象，所以他特別小心，一步步以優美的姿勢慢步上前，領到了韻之後，以最柔和的嗓音報了自己的姓名官階，和探到的韻。雖然他用心討好，但舉座的人都免不了覺得他太做作不夠自然了。其他賓客在前去領韻的時候，也都十分緊張，甚至有人連臉色都變得發青，尤其那班名詩人更不自在，他們知道皇上和太子對他們的屬望都很殷切，深怕作不出好詩，更難爲情了。所以當他們穿過花園，走到御座前去領韻時，顯得抖抖索索萬分惶恐的樣子，尤其老博士們那副神情，雖然每個人不同，但舉止都有些古怪，免不了惹人笑出來。在領詩韻期間，絲管齊鳴，奏出悅耳的音樂來，領韻完畢時，已近黃昏了。由唐朝傳來的春鶯囀舞上場了，舞得十分美妙，贏得全場喝采。太子忽然想到在紅葉節的時候，源氏曾經表演過一段舞蹈。於是把插在自己頭上的一枝花轉插到源氏頭上，央求他再爲大家跳一次，源氏拜辭不獲，祇得起來，重舞了「翻袖」那一小節，就坐下了。雖然祇是一小段，但是姿態優美，無與倫比，連左大臣，他的丈人，都忘記了對他的鬱怨，歡喜地淚掛滿眶了。皇上宣道：「頭中將！快些，該輪到你了！」頭中將應聲而起，翩翩起舞，舞了一場「柳花苑」。他早料到會有這一遭，他準備好了的，由頭至尾用心地舞了全套，果然出色，龍顏大悅，賞賜了錦衣一件，這是罕有殊榮。頭中將舞罷之後，很多青年貴冑爭著繼續獻藝，天色越來越暗，一直舞到看不清楚爲止。

這時詩鐘揭曉了，每一首詩，都由專人高聲朗誦。讀到源氏所作的詩，有人跟著低詠，有人暗暗拍手，連那些老手都不能不擊節讚歎。皇上看到自己的愛子被人稱讚時，總感覺到無上安慰，藤壺注視到他，滿心高興，但不由得她不納悶，爲什麼對於這樣一位才俊，弘徽妃老是憎恨不已呢？「噢，對了！」她想道：「那大概是她看出來他對我好的緣故。除此之外，不能再有其他理由了！」她不自主地暗詠了兩句：

何幸瓊花獨垂青，花露滴滴點我心！

她卻不敢高聲吟出來。

花宴終席，賓客紛紛散去。中宮和太子也都起駕回宮了。熙熙攘攘的四周，慢慢寂靜下來。天空裡現出一輪涼月。源氏乘著酒意，興猶未闌。他不願辜負良宵，獨自一個在宮裡各處散步。似乎大家都已入睡了，不過他想在這樣一個熱鬧剛過的夜裡，總會有個不小心的人，忘記關窗戶的。他到了藤壺的前面，試推了一下窗門，每扇都鎖得牢牢的，他不禁歎了口氣，顯然沒有什麼方法可以進得去了。於是他不自覺地又走到了弘徽宮前，他發現第三扇門沒有關，弘徽妃散席之後，直接到了皇上的寢殿裡去了。好像她宮裡沒有人。他鑽了進去，由走廊通到內室的門也沒有上鎖，一點聲息也沒有。源氏心想，世上就是由於這種疏忽，才發生種種錯事的。他不管，跨了進去，偷偷朝裡面看，似乎每個人都睡著了。不，忽然，一個優美年輕的女人聲音，柔和地哼出一個調子來，是一首古詩：

朦朧月夜，何堪比……

這絕不是一個普通侍女，他想，她一面唱著，一面走過來。源氏高興之極，在黑暗中伸出手去抓到了她的長袖，「呀！嚇死我了，」她吃驚地叫道：「壞東西！是誰呀！」他低聲說：

「別怕，我們倆都不願意辜負這良宵美月，是這半明半隱的朦朧月讓我們喜相逢的。」說著他便把她抱起往屋子裡放下，然後又輕輕關起房門。她嚇得楞住了，呆在那裡不敢動，更惹人憐愛，驚慌中她叫道：「來人呀！」「你叫也沒有用，」源氏說：「在此，我要幹什麼，就能幹什麼，誰都管我不著，你就乖乖點吧！」是源氏的聲音，她聽出來了，使她定了心，祇是覺得他行爲好怪，不過也不願意顯得慌張侷促，不懂事。源氏呢，對於今夜的遭遇實在太興奮了，他如醉如癡地揪住她，她太年輕、太柔和，也沒有認眞抗拒，他對她，終於爲所欲爲了。

忽然，他們發現黎明業已到來，她好像有很多心事似的，源氏問道：「你叫什麼名字？告訴我，我好給你寫信，我們不能就此分手吧！」她笑著吟了一首小詩：

人世如浮雲，聚散原無定。
草原深處青冢在，相愛何須問姓名。

雖然這祇是一種遁辭，但是源氏很欣賞她的急智，說道：「不錯，是我不好，不該問，但如你有意再相聚的話……」這時鄰室的侍女們都醒了，她們紛紛起來，要準備接弘徽妃回來了，源氏不得不慌慌張張地逃走。臨行時，在倉卒間兩人祇交換了各人的扇子，作爲信物。源氏回到他自己應値的寢殿時，很多人都在等著他，看他躡手躡腳走進來，都一律假裝睡著，互相使了個眼色：「他又搞什麼鬼回來了！」源氏躺下之後不能入睡，他回想剛才那位俏佳人究竟是誰？「應該是弘徽妃的妹妹，是五小姐，還是六小姐呢？這兩位都還未嫁，她們姊妹裡，最美的一位是帥宮夫人，再就是和頭中將不能融洽的老四，老六馬上要嫁給太子了，如果是她，那就糟了。不過不能確定是哪一位，反正她沒有表示以後永遠不要再見面，那麼爲什麼她又不肯告訴我通消息的方法呢？」他翻來覆去地想，總忘不了她。他自問是不是眞的愛上她了，但是馬上藤壺的倩影又現在他眼前，她那端莊靜謐的神情，畢竟不同，任何人都比不上她的。

花宴的第二天還是忙得不得了，忙到深夜。源氏奉命操了一次十三弦的琴，他表演得非常成功，比前一天的舞還要出色。黎明時藤壺到皇宮裡侍寢，源氏不敢再闖到弘徽宮裡去，整天裡他都沒有見到昨天邂逅的佳人。他於是把良清和惟光二人找來。他對這兩位心腹，向來無話不談，他吩咐他們去偵察一下弘徽妃家屬的動靜。第二天他由皇宮應値歸來，二人報道：「皇宮裡停留的各車輛裡，有三輛昨天載著女眷出宮去了，弘徽妃的弟弟四品少將和右中辨二人匆匆走來相送。」證明了是參加花宴之後，弘徽妃送她的妹妹們回家了。源氏聽罷，心裡七上八下，「不錯，那佳人必然是兩人之中的一位了，要是她們的父親右大臣知道了這件事，那還了得，不要把我恨死才怪呢！可惜那天在黑暗裡，沒有能看清楚她那模樣，我可能會認錯人的。」他躺在床上，再也睡不著，也想不出好辦法來。忽然他又想到小紫來，這幾天他都在宮裡忙，沒得空回家，她一定很想念他，她會不開心的。一轉念他又想到了那位不知名的俏佳人，他拿出她那把扇子細細看了一下，是把摺扇，骨子是檜木做的，扇面上用銀粉畫了水裡映出來的一輪明月。這圖案並不稀奇，但是想到她那句「草原深處青冢在，相愛何須問姓名」時，覺得韻味特別深長，他便提起筆來，在背面添了一首詩：

曉色才初臨，明月倏潛陰；

借問世間人，明月何處尋？

然後他把那把扇子珍藏了起來。

好久沒有到左大臣家去看葵了。應該去看她，她是自己明媒正娶的妻室，不能老這麼疏遠著她。不過在去以前，先得回家慰問一下小紫。她一定很悶。果然她見到他，樂得跳起來，他於是替她上了一課書，她聰穎異常，每天都有進步，並且外表也一天比一天嫵媚，連性格脾氣都柔和可愛，她的秀美確是與眾不同。源氏想到能有這樣完美的逸才，由他來教育，眞是天來之福。不過由一個青年男子所教養出來的女人，將來會不會有些變態呢？他先對她描述了這兩天在宮裡宴會的情形，然後又教她彈琴，時間過得快，他不能不走了。「爲什麼他總是一會兒就要走？」小紫雖然還小，但是已經感覺到依依難捨的「別恨」了，幸而她能了解有職務在身的人是身不由主。

源氏到了丈人家，葵還是和往日一樣，一言不發。他衹有傻傻待在那裡，雖然在頭腦裡轉了千千萬萬的念頭。他沒奈何，只好取出他那張琴來，邊彈邊唱道：

誠心想來暖暖和和地睡一覺呀！可是就這麼不容易呀！

是催馬樂裡的句子，一首老歌。左大臣聽見他的歌聲連忙跑了出來，說道：「那天的花宴眞太精彩了，老夫歷經四朝聖明，參加多少盛事，卻從來沒有見到像那天那樣好的詩、歌、舞。看到了，眞能讓人延年益壽呢。你是此中能手，我衷心佩服。像我這樣的老頭子，我忍不住幾乎也要和你們一起下海去舞一陣子呢！」「那天，我們也沒有特別請上好樂師來，」源氏答道：「祇是由各方雜湊的，幸而有頭中將的柳花苑舞撐了場面，那確是傑作，給人不可磨滅的印象。如果您眞也能來舞一場，那才是父皇朝代裡最大的光輝了。」這時頭中將和左中辨等人，葵的兄弟們，都拿了樂器來，大家倚著欄杆奏將起來，好好熱鬧了一番。

他們邂逅的時間雖然短促，但是對於朦朧月的身心，都發生了很大的影響。四月裡她就要嫁到東宮裡去了，「眞煩透了，」她想：「源氏爲什麼不來找我呢？他應該知道我是誰家的女兒呀！噢，要麼是他不知道我行幾，並且弘徽妃，我姊姊，除了有特殊的情形，是不會歡迎他來的。祇好耐著性子吧！」源氏一直也沒有信息。

三月二十日，右大臣家裡舉行一次射藝比賽大會。年輕的貴冑公子都來了。賽完之後，接著是藤花宴。櫻花在其他地方雖然都已經凋謝了，但是右大臣家還有兩株開得特別晚，這時剛滿開，平添了許多情調。房子也修整過不久，是爲了慶賀弘徽妃的女兒——長公主舉行上妝禮時加建的，美輪美奐，並且非常新式。前幾天右大臣見到了源氏，曾經當面約他來參加盛會，但是那天源氏卻沒有來，沒有源氏，這聚會就減色了，也熱鬧不起來。因此右大臣又派了他的兒子四品少將再去催請，附了一張條子，寫道：

倘非櫻藤花開好，不敢刻意枉君車！

源氏恰好在殿上侍奉皇上，他接到了條子，立刻呈上御覽。「他好得意呀！」皇上覽後笑道：「他既然找你，你就去吧，你的妹妹們都在他家，你也不是外人。」源氏領旨之後，回到值所換了衣裳再去時，已經很晚了。他穿了一件白色中國薄綢，黃色裡子的外褂，裡面是一襲絳紅色的長袍，拖著一條很長的長裾。他的裝扮是皇子特有的，與眾不同。他的光臨，替這次宴會生色不少，似乎比大臣的花還要精貴。他入席之後，馬上奏起音樂來，絲竹之聲繞梁，他酒過三巡，假託頭痛，起來散散步。他到了東廂長公主和三公主的居室，外面剛好是藤花架的所在，窗門都沒有關，幾位女士坐在窗沿上賞花。窗沿上鋪了五顏六色的衣服，平時在新年有舞踊時才會這麼鋪張，他想起藤壺家裡的樸素，暗暗歎道奢侈眞是無邊了。源氏對女眷們說道：「太熱鬧了，我有點受不了。」他裝出抱歉的樣子，「眞對不起妹妹們，我找不到別的地方可以躲一躲。」說著他便闖進房間，用肩膀掀開了簾子。「你想躲！」一位女士笑著說道：「祇有窮親戚見到了貴人，自慚形穢，才想躲呢！您來幹什麼？」「眞是個沒有輕重的人。」源氏想，不過既然能說這樣的話，一定不會是普通侍女了。房間裡濃香撲鼻，在暗黑中聽到綢緞衣裙的窸窣，不用說一定是弘徽妃的妹妹們和她們的朋友了。他們全家都好時髦，現在都聚集在窗沿上，看外面宴會的進行呢。他想這次的計畫又要失敗了，不過他不死心，唱道：

我的扇子，高麗人拿去了，眞糟糕……

是一曲古歌，原來是「我的帶子高麗人拿去了」，他故意改成扇子！「好奇怪的高麗人，」有位女士叫道：「從來沒有聽說高麗人拿去扇子的！」顯然的不是她。但是另外有一位嬌娃坐在一旁，低頭不語，源氏好像聽她歎了口氣，他輕輕走上前去，隔著那層薄幕，伸手過去，一把將她的手抓住，口裡吟道：

彎弓射蟾銀，一瞬杳無形；

惆悵望終宵，明月何處尋。

她這時知道瞞不住了，低聲答道：

有心射明月，無月欲如何！
妾身非明月，何必費蹉跎！

不錯，是她的聲音。他歡喜得要跳起來，可是在十目所視之下……

「葵」之死

老皇——源氏的父親，禪位了。新皇登基以後，雖然也是源氏的異母兄弟，但是源氏的地位與前大不相同了。他升了官，責任卻也加重了。他抽不出工夫來和他那些異姓朋友們鬼混，因此招惹了許多怨言。他的運氣實在是逆轉，他那位朝思暮想的人兒，現在再也不露面了。父皇禪位以後，不再理朝政，沒有任何職務上的拘束，逍遙自在，想怎麼樣就怎麼樣。藤壺一天到晚都陪伴著他，躲在深宮裡，不再與外界接觸了。弘徽妃因爲自己的兒子做了皇帝，懶得再去爭寵，索性和兒子住在一起，樂得自享清福。上皇更是自在，三日一小宴，五日一大宴，盡情享樂，唯一擔心的事情，是覺得藤壺所生的小兒子，這時雖然已經立爲太子，但是背景孤單、脆弱，深怕將來會被人欺負，所以常常秘密地把源氏請來，囑咐他藉源家的力量擁護太子。這類的談話，雖然使得源氏很不自在，但是對他也是一種安慰，他可以直接參與這孩子的安全責任了。

忽然，料不到的事情發生了。歷來傳統的宗法，凡是一位新皇即位，爲了崇敬祖先，必須在皇室之內遴選兩位沒有出嫁的公主，一位到伊勢神社，另一位到加茂神社去修行，到伊勢去的名爲齋宮，到加茂去的名爲齋院。六條夫人的女兒符合了條件，榮膺爲伊勢宮的齋宮。六條因爲一直受到源氏的冷落，氣憤不過，決心離開京城，陪伴女兒久居伊勢。她毫不隱瞞地把眞實的動機，逢人便說，說她遭源氏始亂終棄，源氏是個負心郎。這話傳到了上皇耳朵裡，連上皇都知道了。於是上皇傳旨把源氏宣進宮裡，說道；「朕對已故的皇弟一向友愛，你是知道的。朕最近聽說你荒唐的行爲，破壞了他的家庭，這使我非常難過，想不到你竟會做出這種事情，你知道我對他的女兒是視如己出的，以後你要對她們母女小心伺候，不能再去糟蹋她們的名譽了。倘若你不自檢點，將會被所有的人唾棄的。」上皇似乎十分惱火。源氏本來想申辯幾句，再一轉念，覺得父皇所說句句都是金玉，便緘口不言了。接著上皇又委婉說道：「不管她是誰，最重要的是，你不能讓她疑惑你是遺棄了她，騙了她。倘若你疏忽了這一點的話，麻煩就多了。」源氏默然不語，恭恭敬敬地俯首傾聽，心裡盤算著：「天哪，他發覺了我行爲不端，但還沒有知道我犯了更大的罪惡呢！」他不禁出了一身冷汗，趕快鞠躬而退。

上皇所說的「不要去毀人家的名節」，最使他如刀割一樣難過。他當然明白六條這樣有身分的淑女，和居孀的環境，應當要十分謹愼。所以他竭力保守秘密，不讓人知道。無奈是她自己講出來，公然招認，使得他反而無地自容。她向來是以高壓的態度來對付他，從來也不來替他打算打算，這也許是歲數懸殊的關係。而她現在忽然對他恨起來，原因不過是因爲他忙不過來，冷落了她的緣故。此刻一切都翻了出來，不但上皇知道，舉朝上下沒有不談論此事的了。

傳聞到了朝顏公主耳朵裡，她起了戒心，從此她再不覆他的來信。縱然是幾個字，一張小條子，她都不肯寫去了。但是多情的源氏，不肯相信這樣一位溫柔的佳人，會有這樣硬的心腸，依然挖空了心思，不斷地寫情書。

傳到了葵，她當然氣惱，不過她知道她這丈夫早已無可救藥，聽了也就淡然處之，並沒有當作什麼了不起的大事來處理。她懷孕已經有幾個月，一直不舒服，人提不起精神來。她的父母雖然高興她有了喜訊，但也擔心她身子會吃不住。她的朋友們也不斷到處燒香拜佛，祈禱她能安產。源氏當然不能不在旁，所以他更忙得不可開交。雖然他心裡惦記著他那班暱友，但是怎麼能分身去看她們呢！而她們都怨他是個薄情人。

到伊勢神社去修行的公主雖然選了出來，但是到加茂神社去的人還未定，選來選去落到了三公主身上。她是上皇和弘徽妃所生的女兒，是今上嫡親的小妹妹，一向受父母鍾愛，大家都不忍讓她去修行，但是祇有她合乎條件，沒有辦法阻攔。尤其新皇捨不得，他祇好在舉行冊封儀式和祓禊典禮時，加意爲她鋪張，爲她熱鬧一下。一切的禮儀，由他親自指揮，並且增加了許多項目。在祓禊典禮時，他下令皇親貴冑們要來參加。他親自挑選年輕漂亮的小夥子來列班，他們應該穿什麼樣的服裝、什麼樣的顏色都由他決定，甚至馬匹馬鞍都由他選。最後他還下了一道旨意，命令已升任爲侍衛大將的源氏來帶隊。消息傳出之後，無論貧富貴賤男女老少，大家都爭先恐後地想來一瞻這次的大遊行了。到了那一天，眞是萬人空巷，遊行經過之地張燈結綵，已夠飽眼福的了。

葵向來不喜歡去湊熱鬧，尤其她這時有孕在身，更不想出去，但是她的侍女們卻來慫恿道：「夫人，您也去看看嘛！我們也好借您的光，一起去瞧熱鬧，否則就是您准我們去，也衹能躲在人後頭偷偷看。這些人都是來看王爺的，連山裡的野人都來了，攜家帶眷，遠巴巴地跑得來，他們和王爺沒有關係，尚且要來看他，而您，是他的夫人，反而不肯去！」葵的母親聽了這番話，也幫著說道：「這兩天你身子好了些，也該出去活動活動，你看，你若不去，她們會多失望！」葵拗不過她們，衹好答應去了。但是時間已經很遲，來不及去打扮，換出客的衣裳，匆匆乘了幾輛車，便出發了。這時已經人山人海，葵的幾輛車在水泄不通的路邊上，已經找不到適當的地方排列。但是有些人認出是葵的車，特地騰出位置來，自己寧願擠到後面去。衹有兩輛車不肯讓，這兩輛車是老式轎身，垂下來的簾子雖然舊了，但看得出是很考究的材料做的，乘坐的人應該身分很高，簾下露出來的座墊也都是錦繡，而且顏色鮮艷奪目，顯然裡面是位不願被人認出來的貴婦人。這兩輛的車伕，氣焰也很高，請他們讓一讓時，便口出惡言：「咱們才不動呢！」「誰敢來碰咱們！」在葵的隨從裡，有些年輕人已經喝飽了老酒，看到對方的人不客氣，便也興奮起來，雙方越吵越僵，竟至摩拳擦掌動起武來，老成一點的人，出來勸也沒有用。葵方面人多，硬把人家的車拖了下去，占了人家的地盤。這兩輛車恰巧是六條夫人的轎車，她帶著女兒秘密的也來看熱鬧，遣遣悶氣，她不想暴露身分，等到葵手下人看出是她，喝住那些年輕人時，大錯已鑄成了。六條的車子混在老百姓的人叢裡，車子也拖壞，連輪子都掉了，祇能暫時依在別人的車旁，才能免於傾倒。六條夫人氣得發昏，她不但看不到熱鬧，反而被人識破，還討了一頓沒趣，「眞不該來的，」她自己埋怨自己，「爲什麼要來跟這班下流人混在一起！」她恨不得馬上飛回去，「在這裡傻等什麼！」但是前後左右都是人，車又壞了動彈不得，正想怎麼樣鑽出一條路來時，忽然周圍喊聲四起，「來了，來了！」遊行的隊伍在望了。原想立刻回去的心動搖了，還是看了源氏走過了之後再說吧。好不容易，他出現了。他卻沒有看見她，人那麼多，他怎麼能一眼就看得到她，何況她又是躲在人後頭，她雖然明白，但是心裡還免不了酸溜溜的。

在通道的街邊，一系列的車輛裡，擠滿了高貴身分的婦女。她們在垂簾之後探視，縱然她們所認得的騎在高頭駿馬上的貴公子們未必能看得見她們，但她們依然免不了要含笑向他們點頭，偶爾有一兩位騎士眼尖地回頭報以一笑，她們就樂得不得了。葵的一行最惹人注目，車輛多，人也多，源氏走過她面前，一望就認得，向她深深行了禮。他以後跟著來的騎士，也都學他的榜樣，走過葵車前，個個向她鞠躬爲禮。六條夾雜在人叢裡，看得清楚，但氣在心頭妒火中燒，忍不住吟道：

倩影如夢投急水，不盡幽怨滾滾來！

淚不斷湧上來，但是她不能讓別人看見，她忍住，忍住，可是心裡懊恨如絞，眞不該來看他！這樣英俊漂亮的人物，從此永別了！

六條夫人回去之後，心亂如麻，她現在的處境，比幾年前還受罪，她再也不能忍受源氏的冷落，但是想起是她自願要陪女兒去修行，以後更沒有機會見得到他時，更加徬徨，捨不得走。她一直拖，一直拖，不肯啓程。而同時她又怕人背地裡笑她是因爲被源氏遺棄了，才氣走的。「我偏不走。」她想，但是如果眞不走，又怎麼交代呢？人家更會說閒話了，說她是個三心二意沒有主意的人，左右都不是。她如坐針氈，日夕不安，《古今集》裡那首詩，不斷在腦子裡盤旋：

我心如蓬轉，隨波還逐湍。

她眞覺得自己在團團轉，恍恍惚惚痛苦萬狀，可是沒有法子解脫。

源氏祇覺得她似乎不必走得那麼遠，但是沒有來勸阻她不要走。他祇寫了一封信去：「魯拙如僕，常違尊意，惟願蓮駕離京之前，乞賜片刻，藉訴寸衷，此心之所繫者實深，非卿所能測知也。」這封信更增加了一層怨恨。她怎麼也忘不了那天的羞辱，她沒有理他。

這時葵的情形，忽然有點不對勁。有時好像著了魔，有東西附在她身上似的，全家人都非常著急，源氏守在一旁，更無心外出，最多祇是回到自己家裡去看看，葵究竟是他的妻子。

雖然兩人之間不免勃谿，但是一夜夫妻百世恩，感情還是很深的。他察覺到她的情況不比尋常，除了普通孕婦所有的不舒服的徵狀之外，還夾雜著其他複雜的現象。因此他十分著急，除了求醫問卜之外，又請了幾位捉妖驅鬼的高人來，日夜祈禱。可是他們作法的結果，一致認爲不是死魂作祟，而是生靈附身，非他們能力所能驅逐。葵自己也說好像是外來的異物鑽進到她身體裡，雖然不痛不癢，但是它鍥而不捨地折磨她，使她周身說不出的難受。經過了各種方法、法術，都奈何它不得。葵的朋友們懷疑到了源氏的情婦們，會不會是六條，或是住在源氏家裡的小姑娘？於是請法師把她們的名字寫上作起法來，依然一點反應也沒有。葵向來待人忠厚，不會有什麼人想故意來害她的。要麼是老家裡的冤鬼，或是葵的父親左大臣在無意中得罪了哪一位神靈。試來試去都不對，而葵的情形，一天比一天惡化。她有時難受得號咷痛哭，哭得氣都透不過來，她周圍的人都束手無策，不知怎樣才好。

上皇聞訊也十分關心，特地爲她舉行幾次禳災的祈禱。左大臣夫婦受到這樣的殊榮，除了謝恩之外，祇有歎息自己的女兒福薄了。凡是聽見葵生病的人，沒有不替她憂慮的。六條夫人也並不例外。葵雖然是她的情敵，並且在看祓禊的那一天，搶了她的車位，她的下人侮辱了她，但是對葵本人並無惡感。她自己總是覺得心神恍惚，爲了求得寧靜，她特地找到了一個僻靜的廟庵裡住了下來。源氏得到消息，馬上秘密去找到了她，請求她原諒。「這些時，我從來都沒有過過好日子。」他說，把葵的病情一五一十地說了，他想讓她明白他對她的冷落，不是爲了貪玩，而是「實在看她病得可憐，也不忍看她父母焦急的樣子」。但是六條並不能原諒他，她滿懷敵意，把他趕走了。他吃了閉門羹，祇好回頭。她看他離開時，又一陣酸苦，「這樣一個千古難得的俊秀檀郎，我就這樣輕易放走了！」她心如刀割，但又能怎麼樣呢，「他是個有家有室的人，葵又有了身孕，證明他們之間已經和好，是一對美滿夫妻，我又算什麼，他來祇能使得我痛苦，擾亂我的情緒！」源氏走後，第二天有封信來，寫道：「病人日前本已小瘥，不意今又轉劇，僕更無法抽身矣！」顯然是不肯再來的藉口，她覆了一首小詩：

委施田中插秧女，不惜泥濘濕袖襦；
我亦癡情餘悵恨，腸斷空閨淚如雨。

他接到了這首詩不覺黯然，她那秀勁的筆姿和動人的詩句，再加上她高貴的身世和艷美的容貌，可以說是當代無兩了。但他將和她永斷關係，人世無常，十分可悲。雖然天色已晚，視線模糊，但他依然提起筆來覆道：「已濕袖襦者僕也，僕本多情，恨卿意殊淺耳。」然後他寫了一首詩：

卿似浮萍逐浪飄，癡情我偏涉洶濤；
幾經滄海空餘夢，卻被人呼負心獠。

最後他又接著寫道：「本擬趨前面陳衷愫，叵奈葵病態日劇，實難分身耳。」

的確葵的病情又惡化了，她難受萬狀，呻吟不已。六條也聽說葵是由於生靈附身而生病的，而這生靈很多人都傳就是她的生靈，也有人說是她亡父的鬼魂來替她報仇的。這些話她聽到了，都使得她氣憤冒火。她想：「我對於葵並沒有惡感呀！」不過在她的靈魂深處，是否潛伏著怨惡，連她自己也無法確定。這樣的念頭一直縈繞著她，使她抑鬱不安，她也受夠了罪，爲了愛，她經過了多少折磨，尤其近幾年來，不斷地失望，不斷地刺激，讓她覺得這世界上眞是一無是處。最近的這次爭車位事件，眞正羞辱了她，人家根本沒有拿她放在眼裡。不錯，自從那時起，她便常常覺得心神恍惚，不能自主。有一天晚上，忽然她好像在作夢，夢見她到了一所豪華的大邸宅裡去，看見有個女人睡在那裡，好像就是葵，她就去抓住她，把她拖起來，狠狠地打她，然後又把那已經匍匐在地的她，拚命地蹂躪了一頓，那種瘋狂野蠻的行爲，也不知是哪裡來的，在平時，絕對絕對做不出來，但是在夢中，反而覺得鬆快。自從這次夢後，經常有同樣的夢，眞可怕，好像自己的靈魂眞的出了竅一樣。她想：「人總喜歡揭別人的短處，要是我這類怪夢，別人知道了的話，還不知會傳出什麼樣的閒話呢。通常一個人死了，才會有鬼魂出現，去抓他的仇人來算帳。這種凶鬼，人家談起來，已經嚇得不得了。如今我還活著，魂靈就會出竅，不更要嚇死人！」她自怨自艾，眞是老天在捉弄她，現在她和源氏已明明白白難拾舊歡了，爲什麼還會有這種夢。我不能再去想他，絕對不能再去想他。雖然她不斷警告自己，但是依然免不了還是要去想他。

六條夫人的女兒齋宮，在去年年底以前，就該到宮裡去的，但是由於種種原因一直拖到今秋。到了九月再也不能拖了，必須移到嵯峨的野宮裡去，再經一次祓禊。而就在這重要關頭，六條病倒了，她每天昏昏沉沉睡在床上不能振作，神社裡派來的修士預備接齋宮上山去的，看到六條的情形，便自動來爲她祈禱，可是經過多日，一點也不見效。不過看她的情形，似乎不像是什麼重症。源氏有時也派人來探候，不過自己沒有親身來過了，葵病得實在日益加劇，他不能不加意看護。葵分娩的日子沒有到，因此也沒有做任何準備，忽然她好像要生產了，大家都緊張了起來，而最可憂慮的是附在她身上的異物，始終未去，來施行法術的人不停地禳禱，毫無動靜，連最有名的法師請來，都不見有任何功效。法師們個個惱怒起來，使出他們最狠的絕招出來，忽然，由葵口裡說出話來，並且哭得好傷心，她斷斷續續說道：「饒了我，讓我休息一下，我有話和源公子說。」法師們心中歡喜，互相點了點頭，認爲是附在葵身上的靈魂說話了，馬上把源氏請了來。葵的父母以爲葵的末日已到，有什麼遺言要吩咐源氏，所以避到別處去了。和尚們停止了他們的法術，現在改誦《法華經》。源氏走近床邊，掀開帳幔，她睡在那裡，還是那麼美，雖然肚皮隆得很大。但是任何人看到她，都會爲她的嬌艷而頭暈目眩的，源氏更是充滿了悔恨，她那兩條烏黑秀髮的辮子，和她穿著的雪白睡衣，恰好形成鮮明對比，雖然在病榻上，她還保持著優雅高貴的神態，好像在參加服裝表演。他拿起她的手說道：「看你這麼不舒服，我好難過。」還有什麼可說的呢。她一直瞪住他，他從淚眼裡看她的眼睛，似乎沒有往常那種怨色，反而充滿了饒恕和慈愛，他忍不住淚流滿面，而她也滿眶淚水。他不能老這樣哭泣下去，她的父母會緊張起來，而對於病人也不好，他勉強說道：「好了，不會老這麼壞的，你馬上會恢復的。就算是有什麼不幸，我們來世還會相會的，爸、媽還有其他你喜歡的人，都會在來生再和你聚首的……」忽然她打岔道：「不，不是這些，讓他們不要再念經了，他們煩死我了，」然後她把他拉進來：「我以爲你不會來，我一直等，一直等，等得我的魂都焦了。」她柔和地急急忙忙地說，說出一首詩來：

孤魂失所依，棲遑忽東西；
裳裾何處有，藉獲一枝棲！

聲音卻不是葵，也不像葵平常的舉動，不過聲音很熟，是誰？噢，對了，是她，祇有她——六條夫人。他以前也聽說過有這樣的事情發生，靈魂一定要附在裳裾上的，不過他從來不肯信，認爲是一些無聊的人，故意造謠生事，他也不信靈魂會附身，現在他親身經驗了！這種不可能有的事就在他眼前，他急忙壯起膽來低聲說道：「我不知道誰在和我說話，請你不要讓我亂猜了……」居然她就做出六條的樣子來，他一點也沒有猜錯。恰好葵的父母又都回來了，他深怕他們也會發覺，但是沒有，她不再說話了。她好像很安靜地躺著，她媽媽端了一盆熱水來。就在這時，葵居然安然臨盆，生下一個男孩兒。大家都高興歡喜得手舞足蹈。

這時附在她身上的邪魔離開了。但是不一會，那東西似乎又回來了。她好像又受那東西的欺凌，一種極端恐怖占據了她，嚇得她渾身發抖。情形並沒有好轉。但是天台宗的比叡山高僧以及其他上人法師們，都鬆了口氣。她能平安生產，認爲是祈禱誦經之功，他們渴望能休息一下，擦擦汗，臉上顯出得意的神情，她的朋友們連日來一直憂容滿面的，現在都展眉歡笑了。雖然她還沒有脫離險境，但看到孩子平安，料想她不久也會痊癒的。祈禱仍舊未停，但是整個家顯然完全不同了。大家有了信心，尤其孩子惹人愛憐，這多天來的緊張，換得了白白胖胖的小子，還是值得。各方面來的賀禮，陸續不斷地送來，上皇的御賜之外，所有的王子皇孫王公大臣，沒有不有所餽贈的，每天晚上都有新禮物陳列到大廳裡來，尤其因爲新生的孩子是個男的，更增加熱鬧。

人來人往可怖景象

六條夫人聽到了消息，免不了有些訝異，原來傳出來的是難產，怎麼就這樣輕輕易易地生出來了呢？她覺得很奇怪。她最近這些時總覺得有些異樣，有時她整個人好像全變了，尤其她常常聞到自己身上有人家驅邪用的芥子香的味道，她非常惡心。這氣味不論是衣裳、頭髮都有。她用熱水洗了澡，換了新衣，但仍然沒有用，那香味一直跟著她，眞討厭，她想：「現在我自己的身體來和我作對了，我的侍女們也一定都聞到了，她們在背後不知要說些什麼呢！」而她也眞可憐，沒有人能推心置腹地來傾訴衷曲，她祇有獨自一個生悶氣。

源氏對於葵的病情稍微放下了一點心，但是那次稀奇的對話，一直在他腦子裡轉，顯然的那些話不是葵說的，而是六條，這麼長一段時間他都沒有再去看她，她一定又氣得不得了，不過他覺得他再也無法與她和好了，但是他免不了還是可憐她，寫了一封信去。葵的病還很嚴重，大家不准他去看她。可是嬰兒卻長得出奇的美，源氏一天都忙著孩子，他那愛護的樣子，使得葵的父親十分高興，證明了源氏和他女兒之間的恩愛。她一直沒有恢復，雖然使得老父憂慮，但是他想到經過這麼長一段的病痛，不可能立刻復元的，也許她的病沒有想像中那樣嚴重。

新生的嬰兒使源氏想起了太子，是他和藤壺妃的私生子，他好久都沒有見到了，他忽然激起了強烈的想念，非到宮裡去覲見一趟不可。「我很久沒有上朝了，哪裡都沒有去，今天我想出去走一趟，在我出去以前，我想跟你談談。」他叫侍女傳話給葵，傳話的侍女勸葵道：「您是該見見他，您不能老是那樣不理睬人家，究竟他是您的丈夫呀！」她怕久病之後，損了她的容顏，要隔著帳幔談話，源氏哪裡肯聽，端了一張凳子到她床邊來敘長說短了。她有時也插一兩句話，他們談她病重的那幾天的情形，好像是場噩夢，忽然他憶起那番奇妙的談話，他心裡起了一陣酸楚：「我還有很多話要問你，不過現在你該累了，我還是走吧！」他說完便把她的枕頭整理了一下，端了一碗藥來，伺候她喝下了，在旁的人讚美他在什麼地方學會了看護技巧。她躺著一動也不動，雖然很弱，但依然那麼美，她那樣安靜，使得人以爲她已經沒有氣了。他看著她，充滿了愛憐地看著她，她那頭烏雲似的秀髮，一絲不亂地披散在枕頭上，他從來沒有覺得她有這麼美麗過，這許多年來怎麼會讓這樣一個女人和他永遠疏遠著，眞想不通，眞不可信。他注視著她，捨不得走，「我不能不去了，」他不得已說道：「不過我不會太久，現在你好了些，你要振作起來，不要讓媽太擔心了，她雖然很能克制自己，不流露她的憂慮來，但是我知道她現在還提心吊膽呢，我看你若每天能起來坐一會兒才好，也是因爲你一向是個慣寶寶，所以你恢復得慢。」他穿起他那身豪華的朝服，離開了房間，葵看著他，目不轉瞬地盯著他，一直到他走遠，她從來沒有這樣盯過。

這時剛好到了秋季任官的季節，朝廷裡特別忙，葵的父親左大臣也要去上朝，連她的哥哥也不能不陪著去，大臣邸裡的人幾乎都走光了。這時忽然葵又像是遇了魔，透不過氣來，源氏在朝裡，得到消息連忙趕了回去，其他人也都顧不得公事，當晚要宣布新官名錄，雖然是件要案，但是回家救人要緊，誰都會原諒，不過時間還是太遲了，天台山上的高僧和其他士人都請不到了。正是她好像要好轉了的時候，忽然她又接近了死亡。大臣邸裡的人，個個都像是瘋狂了，家裡充滿了人，很多都是外面關心的人來打聽消息的，但是也打聽不出來，祇見人跑來跑去，由這一間房間奔到另外一間房間，呈顯了一片可怖的景象。

以往葵著魔的時候，總是僵臥不動，祇餘微微一口氣息，大家都不敢碰她，連枕頭都不敢去移動一下，這回好像又是老樣子，讓她安靜地休息吧，誰知經過兩天之後，看看她鼻息，發覺她早已沒有氣，再摸摸手腳也都僵硬如冰，她久已香消玉殞了！源氏好像挨了雷殛，他失望到了極點，生命不過是一連串的災難，使得他心灰意懶，深萌出家之想了。各方來的弔唁，雪片似地飛來，祇能更增加他的痛悼和疲倦。

葬儀非常盛大，上皇、皇帝、太后、太子以下都派了代表參加，身後的哀榮確是空前。左大臣沒能在場，他說：「我垂暮之年遭逢到喪女之痛，實在是情所難堪，她那樣年輕、那樣健康美貌的……現在……」再也接不下去了。不過源氏自始至終都守在靈前，一直到儀式終了。

他好不容易回到了自己的房間，雖然疲乏已極，躺下了但是睡不著。他想到過去那些日子，爲什麼他老喜歡在外面荒唐，一點也不顧慮到她的反應？爲什麼這些年他不想去彌補他們之間的感情，而讓她一天天疏遠？無邊的悔恨，現在啃他的心，翻來覆去地啃，但又有什麼用處，人是死了。他的侍從拿了喪服過來，是深灰色的，「如果死的是我，而不是她，她的喪服是黑的。」他想，順口吟道：

灰爲居喪色，我哀深如墨；
茫茫人世間，懊恨不得直。

秋風蕭索，倍增淒涼，雖然周圍還有些人，但他感覺到特別孤獨，他眼睜睜地一直守到東方發白，在濛濛大霧之中，看見園裡的菊花上掛著一張藍紙條，他差人拿來看，是六條夫人寫來唁函。信寫得比往日還要優美，不過他看了之後扔在一邊，她的慰唁之辭，不可能是出自至誠的。不過，他又想，就這樣和她斷絕往來，也未免太魯莽了。這樣等於是硬指定了她是害死葵的凶手，我絕不能這麼做。也許過錯並不在她，而是葵紅顏命薄！倘若那一天，我沒有聽到那幾句怪話，或者我能有機會在葵在世的時候，問個清楚，我也許不至於這樣憎惡她了。他想來想去還是覆了封信，他在一張深黃色的紙上寫：「接奉惠書，倏已多日，稽遲未覆者，實以不祥人未敢上瀆清聽耳。人生如朝露，終歸於盡，今生已無相逢之日，夫復何言。」

她接到了這封絕交書後看得很明白，他是在責怪她！使得她不能不承認的確自己有罪，她的悔恨，這時陡然又增加了十倍。

不但源氏懷疑她的靈魂會附到人身上去，連皇上都聽到了這樣的消息，上皇一向關心她，她是上皇的弟媳婦，前坊親王的妃子，前坊親王故世後，上皇原來一直邀請她，和她的女兒入宮來住，上皇手足情深，把前坊的女兒當作自己女兒一樣看待教養，可是她不肯搬，寧願住在宮外自由一些，結果墜入情網，和源氏打得火熱，但是又怕被人發覺，整天都在提心吊膽之中，但是在這次大變動之中，她自己昏了頭，不該說的都傾洩了出來。她本來是有名的美人又是才女，再加上她的身世這麼高，現在大家都知道她要去依女爲生了，一班登徒子知道這消息，紛紛地去獻殷勤，她似乎很忙了，早晚都有人伺候。源氏倒是十分同情她，一個貌美多才的佳人，如果沒有人理才可惜呢。現在她還沒有到伊勢，如果眞搬到那老遠老遠的伊勢和女兒一起去修行的話，眞會悶死她了。

葵死後，倏忽七七都過了，一切佛事都已經做完，源氏一直守在左大臣家裡，沒有出去，有時葵的哥哥頭中將來陪陪他，他們原來就是好友，除了談些正經事外，有時也談談往日的風流韻事，或拿人家開玩笑，不過源氏總提不起精神來譏笑那些自作多情的老宮女了。有些事是他們兩人胡鬧荒唐的秘密，現在也都不覺得有趣，說來說去總會說到葵的身上去，兩個人都會黯然不歡。

有一次秋水如淋的晚上，頭中將又來看他，只看他穿著深灰的衣裳，倚在西面的欄杆上，他朝外望那滿園的白霜，一陣寒風驟雨，把樹上僅餘的幾片葉子完全掃光了，他滿眶熱淚念著劉禹錫的詩：

庚令樓中初見時，武昌春柳似腰肢，
相逢相笑盡如夢，爲雨爲雲今不知。

這時他看見頭中將，抬頭問道，你看她現在是爲雨了呢，還是爲雲？頭中將看他那可憐的神情，不勝慨歎，葵眞是福薄，她如今辭去了俗世，她那靈魂免不了還會跟在他的四周的。頭中將望著那風雨的天空，吟道：

爲雨抑爲雲，芳魂獨飄零，

滿天雲雨飛，何處覓多情！

於是源氏順口和道：

苦雨還淒風，千山盡落零；
哀痛孰如我，灑淚寄幽情。

闖下大禍

葵死後，源氏暫時還住在丈人家裡，不過他睹物思人，引起往日薄情的悔恨和歉疚，所以他不自在。終七過後，他決意先去上皇面前謝恩，然後便搬回二條院自己家裡去。

車騎備齊的時候，忽然下起大雨來，風勢凶猛，把樹上的葉子全部颳了下地。在大門口伺候他的隨從已經淋得渾身浸濕。在這種情形下，似乎一時無法進宮了。他祇好命令他們先回二條院，然後等雨小一些時，他再獨自騎馬趕回去集合。他的隨從奉命離開大臣官邸時，深深感覺從前的一段生涯，恐怕就此結束了，以後不會常到這裡來了。左大臣和夫人聽說源氏要走，不再回來，都萬分捨不得。他留了一封信給夫人——葵的母親：

頃者蒙上皇階下宣召，自當趨赴宮掖。前者託庇華廈，倍蒙厚愛，雖粉身碎骨無以爲報。今驟違膝下，不勝依依。容日後再效半子之忱……

夫人喪女之後，淚從未得乾。這時她正臥在床上閉目養神，接到信後，也無心作覆。倒是左大臣親自趕到源氏的廂房裡來看他。老人抓住源氏的袖子半天說不出話來。他那神情，委實讓人看了可憐。好不容易，半晌他躊躇地說道：「我們老頭子，碰到了些小不如意的事，都會流眼淚的。何況現在我所遭遇的，是人生最大的打擊，想起來就禁不住自己會哭起來。這種時候最好沒有人看見我。因此，我不敢去覲見上皇向他謝恩，請你務必將微忱轉陳聖上陛下，在這風燭殘年之餘，居然讓我經驗到這樣傷心事……」他哽咽得再也說不下去了。源氏看他老丈人這樣悲傷，忙道：「您這番意思，小婿自會轉陳。」然後他又溫存地說：「父皇會猜得到您不去看他的理由的，絕對不會見怪您的！」

外面的雨還不停地下，左大臣勸他在天未黑以前趕緊走，但是源氏捨不得立刻離開。他又到內室裡繞了一周，他的丈人陪著他到處看。到了葵往日起坐的地方，有一屛風，屛風後面，擠著一大堆人，都是以前伺候葵的侍女，穿著深灰粗布的衣服，面帶淚容，跪在一起。左大臣說：「這班可憐人，雖然知道你沒有把你心上的寶貝骨肉一起帶走，證明你還會常常回來看他，但是她們也了解以後這個家，對你，不會再和以前一樣了，她們也不能再和以前那樣來服侍你了。等於她們一下子喪失了兩位主人，所以加倍悲傷。這幾年來，她們一直希望你們倆能和好起來，而如今你們倆都走了，讓她們白等！」源氏祇好低下頭來，黯然地對侍女們道：「請你們不要難過，你們女主人在世時，我爲了不要惹她生氣，故意出門，希望回來時能看見她的笑臉，但是你們都知道，我失敗了。現在她故世了，我沒有理由再避她，當然我會常來的，你們瞧著吧。」

葵的父親送走源氏之後，又回到葵的臥室裡來。她的雜物，依然整齊地陳設如生前一樣。書架上攤了些文房四寶，其中堆了許多源氏所寫的字。老人急忙撿來看，在周圍滿心哀痛的侍女們，看他那副興奮的神氣，都不免要笑了出來。源氏所寫的大多數是抄中國的詩文，有的是草書，有的是正楷，眞是琳琅滿目，左大臣幾乎是用了崇敬的眼光來細細欣賞。他想到這樣一位超逸不凡的青年才俊，從此不再是他家的人了，衷心酸楚，禁不住眼眶又熱了起來。在這些墨蹟裡面，有一篇是白居易的〈長恨歌〉，在「鴛鴦瓦冷霜華重，翡翠衾寒誰與共」兩句的旁邊，都有幾行小字，是源氏作的詩，在「衾寒誰與共」的旁邊是：

疇昔鴛盟締，同衾共枕情；
芳魂今何處，空室獨愴神。

寫在「霜華重」旁的是：

人亡琴書在，衾床盡滿塵；

霜重如淚水，欲拂還沾凝！

左大臣讀罷，掩面拭淚，把這張紙趕快珍藏了。

葵的侍女們三三兩兩地聚在一起，商量今後的去處。大臣雖然已經說過，源氏會回來的，但是就算他會回來，也不過祇是來看看新生的小少爺而已，絕不會長期住下來。此地是他傷心飲恨的所在，他不會開心的。於是其中有一人說：「我們不如散了。」大家附和，就此互相道別，各自回家去了。

源氏覲見上皇，上皇一見便溫語地說：「你瘦了很多，這些日子你夠辛苦，念經、茹素可能過分了！」上皇便命左右頒賜了很多珍品，要他補補身子，好好調養。源氏叩謝之餘，深感皇恩浩蕩，幾乎泣下。退出後便轉到後宮，參見藤壺后，藤壺后命王命婦傳旨道：「您的悲傷，我很同情，噩耗傳來，連我都哀悼不已。這種情緒，一時恐怕難以消逝，尚望節哀保重。」源氏答道：「人世無常，我早就知道，但是想不到就在眼前。如今百事成空，不由得不令我想出家去算了！」他穿著喪服一身灰黑，冠纓也捲了起來。他這種純素的裝束，似乎比全副錦繡，還顯得文雅高貴。由藤壺宮出來，便去看太子，問了安辭出來的時候也已經天黑。

回到二條院自己的家裡，進門便覺得眼前一亮，好久沒回來，到處都整理得乾乾淨淨。侍女和僕役們齊集在玄關迎接他。侍女們馬上陪引他到臥室，她們一個個打扮得漂漂亮亮，堆出滿面笑容來，和方才左大臣官邸裡的情形，大不相同了。

換下朝服之後，馬上他就到西廂去找小紫，只見她穿著很入時的冬衣，陪伴她的小朋友，一個個也都穿得很整齊，足見得保母少納言確是能幹盡心，是一把好手。小紫穿的不但鮮艷，並且合身。「啊呀！多日不見，你長得好高了！」他掀開短簾，看到她時，不由己地叫了出來。已經很久不見，她別過臉去，害起臊來。在燈光下，看她的側面，更像他心上的人，祇覺得心頭癢癢的，說不出的喜悅。他湊到她跟前，在她耳邊輕輕囁嚅道：「再過一兩天，我會把這些時的事情，詳詳細細說給你聽，眞可怕極了！現在我太累了，我得回房休息去了，明天過後，我就整天來陪你，恐怕很快的你就會嫌我了呢！」

少納言在旁邊看他那副神情，和聽他嘮嘮叨叨的話，盤算道：「大概不會錯，很有希望！」她早已風風雨雨地聽說源氏外面有很多關係，假如要續弦的話，他可能在那些暱友之中，挑選一位，而不會娶她的小主人，所以她一直擔著心。看到了這種情形，她放下了一塊石頭。

源氏回到東廂之後，叫人替他按摩了一下便睡了。第二天一早，他寫了一封信給他新生兒子的奶娘，關心孩子的情形。他立刻接到了一封令人感動的覆音，報告幼嬰一切都好，又引起他的回憶和悔恨。整天爲之不歡。他也懶得出去亂闖。

小紫已經芳齡二七了，出落得亭亭玉立，美麗娟秀，無與倫比。祇是她情竇未開，源氏幾次挑逗她，她總是癡癡驡驡的不懂。他經常陪伴著她，不是下棋，便是猜字謎。在這種益智的遊戲中，她總會現出很高的才能來，往往使得源氏暗暗驚喜。唯一的就是她缺少少女應有的嫵媚。而源氏看見美色當前，眞是焦躁不堪，他明知道魯莽從事，會嚇壞了她，但是他熬不住了。

一天早上源氏已經起床，但是女主人，紫卻高臥不起。她的侍女們沒有發覺有什麼異樣，因爲源氏在她房間裡，早就是隨便進進出出的，她們衹以爲她或者有些不舒服。忽然看見源氏拿了筆硯來送進了她帳子裡去後，立刻便又走了，侍女們跟著都出去了。紫發現屋裡衹剩下她一個人時，抬起頭來看她枕旁有一個摺好了的箋條，和一方硯台一支筆。她拆開一看，是倉卒之間寫的一首詩：

夕夕相親猶隔衣，歡娛昨夜叩荊扉；
從此了卻相思苦，不羨閬苑霞煙飛。

她看了羞得滿面緋紅，源氏早就憎恨這層「衣」，但是她卻眞的吃了一驚，她怎麼也想不透昨夜他那齷齪舉動會值得這樣開心，好像連神仙都不想做了似的。快要午時了，他看她未起，又跑了來，「你怎麼啦？」他問，「你不來跟我下棋，我都悶死了。」她看他走進來，更縮進被窩裡去了。他看侍女們都不在，便說道，「我沒有想到你會這樣不高興，你不要這樣對我嘛！反正你也不能老躺著不起來，她們都會覺得奇怪了。」他於是就來翻開她蒙著的那條絳紅棉被，發現她竟渾身是汗，連她的頭髮都濕透了貼在臉上。「呀！」他叫道：「何至於緊張到這步田地！」他想逗她說話，她總是不理，她眞氣了。源氏沒有辦法，祇好轉過身去說：「好吧！你既然這麼討厭我，我就不再來惹你了。」說罷，他拿起硯盒，開開蓋，裡面什麼也沒有。她根本沒有和他的詩。「她太年輕了，」他想：「還不解風情！」

他整天地陪小心想贏回她的歡心，但是她一直賭著氣，而她越賭氣越顯得可愛。

第二天恰好是亥月的亥日。舊俗這天晚上，一定要吃些糕餅之類的小點心，總共有七種不同的餡。亥肖豬多子，預祝多子多孫。因爲源氏在服喪中，不便鋪張，所以廚房裡祇拿了少數幾樣，裝在一個果盒裡送來了。源氏看見了，靈機一動走到大廳裡把惟光叫了來，吩咐道：「明天晚上，你再送一些餅來，不過祇要一色的，也不必太多。」他笑著說道：「今天日子還不算好！」惟光向來機靈，他已經猜到了一半，但是他不想即刻向他主人道賀，祇輕描淡寫地說道：「當然應該挑個好日子來吃這些餅。明天是『子』日，就祝您多子啦！」他接著又問：「我該送多少來呢？」「三個一份，該拿幾份來就由你作主好了！」按規矩，結婚三朝那一天，必須吃三朝餅，而新郎又必須吃三個。這時惟光完全明白了，急忙辭出，去準備了。源氏一向喜歡無頭無尾地吩咐他手下人去辦事，而惟光最善揣人意，辦得恰到好處。

源氏不再向任何人提起此事，回到房裡，自己也很得意。不過她是不是就這樣便能回心轉意了呢？仍然不一定，使他傷透了腦筋。現在她又和那天他把她硬搶回來的時候差不多了，哄了她多少時候，才慢慢不躲他。但是現在她已經長成了如花似玉的麗人，他由心底發出了無法遏止的熱戀，和往日對那小丫頭的憐愛完全不同。尤其昨夜春風一度，確實是自己不好，太莽撞，太粗魯，對不起她，難怪她要生氣。人心眞怪，現在片刻不見都忍不住，何況要熬一整夜呢！

惟光遵照了源氏的吩咐，很晚很晚才把餅送來。他很小心，沒有通知少納言。他知道這樣的特殊任務，是不能讓已經懂事的成年女人曉得。他特地叫了他的小女兒阿弁來，把餅裝進一個美麗的香盒裡，讓她悄悄去送給紫。「要小心噢！」他再三叮囑，「要把這盒餅送到她的枕邊，這是吉利餅，不能隨便弄掉了，千萬不能在半路上做些傻事！」阿弁覺得奇怪，頭一歪說：「我什麼時候做過傻事！」她捧著盒子走了。阿弁還小，不懂那麼多的「媽媽例兒」，祇按照父親命令把東西送給女主人。她掀開帳子，輕輕將餅推到枕邊，轉身就走了。好像還有人在紫的身旁，是源氏，「他又來教她書了，」她想。

全家人祇有惟光知道主人的秘密。但是到了第二天早上，侍女們看見了餅盒之後，大家都恍然大悟，猜到了是怎麼一回事。尤其當少納言發現了源氏和她小姐已經成了婚，心裡又是喜，又是惱。看那些精緻的盤、碟、香盒、茶几等等，證明了源氏確實用了心機，並非草率從事，但是這樣的大事沒有來和她商量，也沒有舉行儀式，實在太不應該。不過他可能另有難言之隱，如今小姐總算有了歸宿，是他家的人了，也該高興歡喜。惟光雖然偷偷獨自一個獻了殷勤，但是闔府上下沒有一個不罵他的。

源氏就這樣糊裡糊塗地和紫結了婚，但是他未能因此而收心，雖然他很愛她。而他的環境卻一天比一天難起來，父皇上皇不久薨於位，丈人左大臣年老多病，不願多理朝政，於是大權便集中到太后弘徽手中。她兒子是當今皇帝，父親是右大臣，可以說烜赫一時，誰都怕她三分，而她一向憎厭源氏，早就存心要整他一下，偏偏源氏昏了頭，找上門來。她的妹子朦朧月，曾經和源氏有過一段不平凡的邂逅之後，便被她父親送進宮來伺候太子。太子即位後便升任常侍，也是妃嬪之一了。源氏和她已久不相見。忽然她生了瘧疾，照例妃嬪生病，都要回娘家來療治。她歸寧之後，請了些高僧祈禱，果然漸漸痊癒了。她的親友聽說她恢復健康，都寫信祝賀，源氏當然也是其中之一。魚雁互通之後，繼之便是見面，再就是夜夜幽會了。她本來豐滿的體型，病後瘦了許多，反而增加了她的嫵媚苗條。這時，太后弘徽忽然想起家來，也回娘家來湊熱鬧，對於這對情侶，眞是天大的不方便了。但是色膽包天，越是危險，越有刺激。源氏還是不管，偷著來，偷著去。縱然有一兩個侍女知道他們的秘密，但誰也不敢張揚，深怕太后降罪。太后的父親右大臣更是蒙在鼓裡。

一晚，他們倆正攪得火熱，忽然起了一陣狂風，接著暴雨傾盆如注而下，子夜剛過，便是不斷的霹靂，震得屋瓦齊響，全府的人都驚慌不已。膽大的男子到處走動，看看有沒有損毀的地方。侍女們縮在一起聚集在走廊上，不敢回她們自己的下房，到處塞滿了人。源氏想溜也溜不出去，衹好蜷在床裡。慢慢的天色亮了，侍女都擁進臥屋，圍繞著帳幕深垂的臥榻。其中的兩個知道秘密的，慌了手腳，不知該怎麼才好。雷電小了一些，但是雨還很大。大臣這時起來了，他先到他大女兒太后的房裡看了看，然後再轉到小女兒的房裡。他來的當口，恰巧雨聲很大，誰都沒有聽見他的腳步聲。他走進來掀開帳子的一角說道：「昨夜的雷雨眞大，我想你一定會害怕，本想來看看你的，但是我沒有來，你的哥哥們都在宮裡應值，想想看家裡沒有別人……」他嘴裡嘮叨地說個不停，朦朧月緊抓住帳子衹露出她一張臉來，深怕她父親看出破綻，可是她太緊張了，雙頰飛紅很不自在。她父親以爲她又發燒了，連忙說道：「你好像還沒有好，瘧疾最討厭，老是會再發！」他說著的時候，突然看見地上有張紙，又看見一條男人的腰帶，夾雜在他女兒的衣裳裡面，他指著那張紙問道：「這是誰寫的，拿來我看，可能很重要。」說著他自己便去撿來看了，竟然是源氏寫給她約定幽會的情書！這時，大臣猛然把帳子一掀，清清楚楚看到他女兒的床上，一位俊秀的男人橫陳在那裡，衹是把臉蒙在枕頭裡，看不出是誰。大臣又驚又怒，但是他沒有勇氣把那男人拖出來，拿了那張紙便衝出去了。

右大臣脾氣向來不好，這時他怒極，大踏步地趕到了弘徽的房裡，把方才所見的一五一十都對太后說了出來。他拿出那張在地上撿到的條子給弘徽看，說：「這是他的親筆，我早就風聞他們倆之間的曖昧，不過因爲顧忌他地位的關係，我沒有拉下臉來和他計較。之後他太太死了，我想他該來向咱們求婚了吧，我原想這樣能遮醜也很好，不料，他居然薄情到理都不來理她。我這才決定把她送進宮裡去，讓她重新做人。誰知她不好好去伺候皇上，反而老是想著源氏，讓皇上不開心，她這段日子大概也不好過。而這浪子的源氏，到處留情。聽說他連加茂齋院神聖的修女都在轉念頭，眞是個不顧廉恥不要臉的東西！」右大臣的女兒弘徽太后比他還更憤怒，她說：「豈有此理，還有人希望他能做皇帝呢！您還記得吧，當年左大臣怎麼也不肯把他的女兒配給我兒子，而硬要嫁給他，那時他還小剛加冠就結婚，而我兒子年歲比他大，並且當時已經冊封爲太子，而他呢，連皇族都列不進！您還記得吧，本來咱們早就打算把小妹嫁給他的，不料讓左大臣搶先了一步，沒有辦法才改變了主意，讓她入宮，誰知她偏不成器，倒楣，上了他的當！上他當的人多著呢！您說神聖修女之外，還不知有多少！眞是咱們聖朝之累，有這麼樣一個人，他現在還是太子的監護人呢！還得了！」她越說越有氣，倒是右大臣反而來勸她。右大臣脾氣雖然暴躁，但是一下便平息了：「這事我想你還是不要張揚出去，連你兒子面前都不能漏風聲，不然你妹妹會受不了，況且事情發生在我家，我也要背失察和家教不嚴之罪。交給我辦好了，我要好好和你妹妹談談。」

以上幾段，是爲了介紹本書而節譯的。故事後來大致是：

這件事暫時算壓了下來。但是源氏知道闖了大禍，弘徽絕不會干休的。爲了免禍，他想來想去，三十六計走爲上策，祇有辭去一切本兼各職，自請出都，自動流放到一個蠻荒之所。他追憶到往時生瘧疾的時候，在山上遠眺，有人指給他一個濛濛的所在，說那叫須磨，是個人煙罕至的荒島，面臨大海之外一無所有。現在爲了懲罰自己，他說要到那裡去。於是他離別了難捨難分的紫，參拜了父皇的墳墓，拜別了岳父母和自己的兒子，帶了少數隨從，自己把自己充了軍。但是江山易改，本性難移，他還是有艷遇，在須磨附近有個地方叫明石，以前做過明石守的老者皈依了佛法，他辭職之後蓋了一所精緻的大房子，聽說源氏在左近，便把他接來住。

而這位老者有位千金小姐，不但絕色並且多才，琴棋書畫無有不精。老者作主硬把女兒配了給他，生了個女孩。源氏後來被皇帝召回重用，不久皇帝禪位給太子，同時因爲源氏自從葵死了之後，和紫又沒有行過婚禮，所以正室一直虛懸，便把他的小女兒正式嫁了給他。而太子原是源氏和藤壺所生的兒子，做皇帝之後，源氏的權更大了。不過報應循環，盛極必衰，源氏位極人臣之後，紫因病逝世，他心上最愛的兩個人，藤壺老早做了尼姑，又受良心上的折磨，不久亡故，而紫年紀輕輕也離他而去。他的正室卻少不更事，居然偷人，和他的小輩生了孩子，使他啞巴吃黃連，苦在心頭，越發覺得人生乏味，最後他還是落髮爲僧了。書的後半是說源氏的後人，故事大概如此，當然另外還有很多穿插，不過菁華所在我已經介紹了。

綜觀全書有一點像我們的《紅樓夢》，免不了有粗俗原始之感。但是我們不得不承認在十一世紀，日本已經有這樣成熟完整的小說，確可以自豪了。

日本當時的風俗習慣，由本書看來已經十分唐化。唯獨在男女關係上，似乎不如我們嚴格。而女人是徹底的弱者，衹要男人肯垂青，便無有不依從的。源氏如果在中國的道德觀上說來，他犯了逆倫大罪，烝母、姦嬸、盜嫂、私通妃嬪，是個萬惡的淫賊，早該充軍又砍頭，而在日本卻視爲風流。

（編按）本書已由林文月教授譯成中文（中外文學出版，一九七四），全書四冊（一九九九改由洪範印行）。另有豐子愷譯本（一九八七，遠景，三冊）及左秀靈編譯本（名山發行，一九七三，一冊）。

源氏物語的幕後

紫式部所撰的日本第一部長篇小說《源氏物語》中，主人翁光源氏，據考證是影射藤原道長，以他爲範而寫的。藤原道長究竟是怎樣的一個人呢？他是攝政關白藤原兼通的胞姪，攝政關白藤原兼家的第五子，是名副其實的貴公子，長得眉清目秀，相貌翩翩，詩歌書畫無一不精，尤其射得一手好弓箭，是文武兼資的俊才。

藤原這一家，自從藤原冬嗣以來，一直代代以外戚身分輔佐歷代天皇，由大臣進而爲攝政，再進而爲關白，總攬大權，朝廷上差不多是清一色的藤原子弟。兼通、兼家、賴忠，相繼做了關白，他們是堂房兄弟，毫無顧忌地把他們的子姪一個個都引進了朝廷，其中以兼家的兒子特別優秀，除了二子道綱祇當過一任衛府的中將，和三子道義沒有露頭角便不幸夭折之外，長子道隆風姿端雅，奉職從無闕失，深受皇上賞識，不久官居內大臣。四子道兼質性雄傑，長於謀略，由天皇的侍從等職位爬起，一直做到了參議、大納言。是他參與他父親的陰謀，把花山天皇騙了去當和尚。五子便是道長，不但足智多謀，經歷也豐，他當過近衛少將，歷任地方長官，又調任左京大夫等職，裡裡外外的形勢他都瞭如指掌，成爲他政治上特有的資本。兼家還有三位千金，老二詮子送到了宮裡，成爲圓融天皇的中宮，一條天皇的母親，她和道長最爲投機，兩人互相倚重，是道長最有力的貴人。

兼家運用了九牛二虎之力爬上了攝政的高位，不到四年便病歿了。長子道隆那時已位爲內大臣，兼左大將，便順理成章地承襲攝政的寶位。他一樣抄老文章，把女兒定子送進宮裡，當了一條天皇的皇后，再把兒子伊周不次拔擢，由藏人頭升爲參議，才不過十八歲，這位少爺年少得志，免不了飛揚浮躁，他得到了天皇的信任，便看不起上皇，有了老子做靠山，便看不起叔叔，有了妹子來撐腰，便看不起姑媽，是一個十足被寵壞的孩子，雖然聰明絕頂，但是常會意氣用事。他的爸爸攝政不久，便鬧起病來數日不朝，都由他來宣旨行事，顯然，道隆有私心，想把他這位寶貝驕兒加意地培植起來，但是天下事往往難如願，首先反對的便是四叔道兼。道兼本來自詡有功，他認爲倘若不是他遊說成功，花山天皇絕對下不了決心去當和尚，而他的父親也就當不上關白，父親逝世後，關白的職位本就該輪到他。因爲尊重兄長的關係，才讓給了道隆，道隆若死，就非他莫屬，豈能讓那乳臭未乾的小夥子橫搶了去，他這番道理族裡人也都一致贊同，認爲伊周究竟年輕，不該和他四叔爭權。道隆久病不起，薙髮爲僧想得到菩薩的保佑留得一命，不料反而加速他的死期，四十三歲的壯年便病歿了。

火爆脾氣的道兼看到兄長去世，便袍笏登場做起關白來，哪知剛剛得意了七天，便暴病而亡了，死時才得三十五歲。伊周這時躊躇滿志，以爲四叔一死，大權當然落在他的手掌之中，何況他還有妹妹支持他，整天在皇上面前說他的好話，就等著詔敕下頒加官進爵了，所以越發猖狂起來。誰知另有意外，皇太后詮子是他的姑媽，卻看不慣他那炫露自負的神氣，有意把他的驕縱壓一壓。他五叔道長老成能幹，比他穩重得多，於是建議皇兒，起用道長，皇帝哪能不聽，即刻任道長爲內覽宣旨，不久又正式加遷爲右大臣，道長一躍而成爲藤原氏的族長了。

年少氣盛的伊周遭到這樣一記悶棍，火冒三丈，他知道是姑媽的主意之後，便毫無忌憚地對姑媽皇太后公然詛咒起來，構成了嚴重冒犯皇室尊長的罪名。更荒唐的是，這時他正熱戀著已故右大臣花山上皇的岳丈藤原爲光的小女兒，暗中到她家裡去幽會，而偏偏會在路上遇見花山上皇也由她家進出。花山自從寵妃祇子夭折以後，一直思念不已，他愛屋及烏，雖然當了和尚，俗緣難斷，不免還要到亡妃家裡來看顧看顧家人。伊周在盲目的癡情當中，卻疑心上皇也看中了他心上人，於是妒火中燒，不管三七二十一，約了他的弟弟隆家，也是位魯莽不懂事的少爺，帶了弓箭，一同躲在暗處，看到上皇走到這條巷子裡來時，便彎弓搭箭，對準了花山射了出去，果然隆家的箭不虛發，一箭射中了花山的袈裟，卻幸未傷人。上皇的護衛一擁上前，當場把這位肇事的貴公子捉到，他們犯了大不敬罪，尤其伊周詛咒太后，兩罪俱發，應該處斬。皇后定子聽見哥哥闖了大禍，忙來解救，趕到皇太后面前求情，又跪地苦苦求皇帝赦免，她一時情急，拿起剪刀來把一頭青絲剪光，打算去當尼姑了，皇上不忍長年的恩愛夫妻就此斷絕，特別降旨赦他們兄弟二人死罪，但是活罪難饒，把他們雙雙流放到太宰府裡去，伊周撿回來一條小命，但是他的政治前途從此就算完結了。

這下便宜了道長，不再有人和他爭權了。伊周被貶就是他晉位為左大臣之時，他青雲得路扶搖直上，他的女兒彰子這時初長成，出落得花容月貌，剛十三歲就把她送進宮裡去，一條天皇新得佳人自然寵愛，但是已經有了定子皇后在先，不能再立一后，又不願意委屈她做妃嬪，刻意想出了一項新名位日中宮，二后並立從此開始。說也奇怪，彰子剛剛立為中宮不久，皇后定子就因難產而死了，而彰子六年之後生了一位皇子，翌年又生了一個男孩。道長高興得不得了，他攝政的地位穩定了，在第一位皇子生後七天，舉行產養日慶祝的時候，他抱著外孫到處送給來賓觀看，雖然嬰兒尿濕了他的錦袍，他也毫不在乎。一條天皇不幸短命，三十二歲便撒手人寰。他的堂房哥哥居貞親王即位，是為三條天皇。道長料到會有這一著，早就把次女妍子配給了三條，三條本來就有幾位妃嬪，感情最篤的是娍子，在他即位時已經為他生了六個孩子，他榮登寶座之後，本想冊封娍子為皇后，不料道長先提出了要求，希望立妍子為后，三條不得已，即位的第二年正月，傳旨立妍子為中宮。到了同年的四月又立娍子為后，仿照一條的先例，二后並存，在冊封娍子為后時，群臣懼怕道長，都不敢朝賀，祇有那不畏權勢的硬漢去了，總共不過四個人。

三條一味地想敷衍道長，幾次三番請他任關白，他卻推辭不幹，他這個消極的不合作，使得天皇如坐針氈，偏巧天皇又染了目疾，屢治也不見好，由宋朝遠巴巴地聘請了名醫來診，一樣束手無策，偶爾好了一些時，道長不但不會高興，反而連連大發脾氣，顯然和天皇過不去。三條無可奈何，祇好禪位給九歲的姪兒道長的外孫了。是爲後一條天皇。新皇即位後的第一道詔旨，便是請道長攝政，長年的願望終於達成了。

道長二十年間，位極人臣，大權在握，爲所欲爲，享盡了人間的榮華富貴，眞是高興極了，一晚，他望著明月，不禁詩興大發，口吟一詩，至今傳誦：

今世誠何世，榮華集一身；
月尚有時缺，我獨無浮沉！

的確他是天之驕子，一生都走的是順境，父親是關白，兩位兄長是關白，自己是攝政，正室所生的兩個兒子賴通、教通，也都做到了關白，四個女兒都是中宮皇后。

他爲個人的地位，爲子孫前途打算，確實無微不至，不過對於日本當時已經存在的病根禍源，卻絲毫沒有想去著手革除，終於養癰爲患，使得日本連年內亂。

日本古來倒是個普天之下莫非王土、率土之濱莫非王臣的國家。到了氏族經濟時代，氏族的首長爲了調達家計，不能不在原居地之外另置別業，這便是莊園的開始，起初範圍很小，所有的莊園都免賦稅，後來慢慢擴大，凡是天皇子孫、大臣、寺院，以及因功賞賜的田地都成爲莊園了。替莊園耕種的佃戶，除了須繳納田地上的產品之外，不再另繳任何費用，因此一般老百姓，爲了逃避苛雜，寧願附在權臣之下，把自己的田地算作莊園，於是莊園的區域連州併郡，自然形成了割據的局面，藤原一家所有的莊園，那時遍及日本全國的，已經超過五十餘處，並且每處都養有兵卒，和京裡藤原府上的衛隊互相定期瓜代，眞是國中有國。朝廷的稅收當然因此而受到了嚴重打擊，首先想挽回這一頹勢的是年輕的花山天皇，他發布了官符，禁止增設莊園，他等於與虎謀皮，藤原一家雖然已經累代公卿了，但是怎麼能眼看著自己的財源受損，這便是兼家設計把花山騙去當和尚的主要原因。藤原行之於上，自然有人跟著效尤於下，很快的，一個純樸原始的日本農業社會，便變爲群豪的封建割據，各霸一方了。

日本本來也和古代中國一樣，無所謂文武分途，無論是誰，拿起刀槍劍戟便是武人，自從蝦夷順服之後，日本朝野久不知兵，雖然也曾有過平將門之亂、藤原純友之亂，但不旋踵都平定了。朝廷常設的武官，大都是爲了拱衛皇室，例如一條天皇的永祚元年，左近衛府的大將是藤原道隆，中將是藤原道賴，都是文官兼領，而道隆後來還位居關白，是道道地地的文人。

但是爲了保護莊園，非養武力不可，地方上的豪粱一天比一天凶起來，誰狠就誰上算，專業的武士便應運而生，從此以後，日本慢慢變了形態，沒有人肯在詩歌文藝上下工夫，而變成武夫的世界，當然戰亂也多了起來。

藤原道長做到了攝政之後心滿意足，他那時剛剛五十大慶，兩年之後他把政權交給了長子賴通，由賴通繼任攝政，實際上除了偶爾過問要政之外，便悠悠地度他那永無浮沉的富貴歲月，在太上攝政的期間，爲了求來生的榮華，他誦經念佛，造廟宇建浮屠，忙碌了十年，終於在六十二歲時死了。那時是日本後一條天皇的萬壽四年的十二月，西曆一〇二七年。

道長死後第二年，便有人造反了，從此之後武人抬起頭來，日本的政治重心由皇室慢慢轉到有軍權的人的手裡去了。天皇已如贅旒，連藤原氏也漸漸式微了，儘管道長辛苦爲子孫謀，世上卻沒有不缺的月亮，盛極之後，衰敗自來了。

蝦夷前九年之戰

一生享盡了榮華富貴的福人藤原道長，在後一條天皇的萬壽四年十二月病死了。享年六十有二。西曆是一〇二八年。他逝世之後的第二年，日本後一條天皇的長元元年，京中忽報下總太守平忠常據兵叛了。這是個震撼日本朝廷的大新聞，從此日本的政治中心漸漸轉移到武人集團上去了。

日本自從八世紀桓武天皇以降，歷代天皇的後裔日益眾多，京城裡安插不下，於是想出一個辦法，將幾位不得寵的庶出皇胤降爲臣籍，讓他們到地方上去自謀生計。不過這批皇子皇孫生長富貴之家，一向好吃懶做，肩不能挑擔手不能提籃，是一些不知稼穡、不懂貿易、遊手好閒的紈袴子弟，他們怎麼懂得自活呢！祇有去弄得一官半職到鄉間去耀武揚威，仗著是皇室的子孫，狐假虎威地去魚肉老百姓了。

日本皇族原本無姓，但是降入臣籍之後的子孫，不能不有個稱呼，於是桓武天皇的後代便賜姓平，而嵯峨天皇的後代便賜姓源。以後歷代的天皇又不能隨便亂賜姓，大都衹以平源二姓作爲皇室之後的標誌，幾百年後源平二氏的勢力，幾乎滿布了日本全國。他們大都不務正業，變成了世襲的半官半地主的地方豪梁了。他們的子弟閒來無事，衹有去弄刀舞劍，個個成爲精壯的武士，同時爲了保護自己的家產和擴張自己的聲勢，也豢養了一些兵丁，儼然稱霸一方。何況朝廷上早有廣置莊園的榜樣，他們就越發驕橫起來，連官糧都抗不繳納了。

平氏在東國一帶盤踞了多年。朱雀天皇的天慶年間（西曆九三〇年左右），平將門發動了日本空前的叛亂，攻陷了關東八州，自稱受了菩薩之命，號稱新皇，鬧得天翻地覆。雖然後來被他堂房兄弟平貞盛一箭射死，算是平定了下來；但是平家在這一地區的根基並沒有被剷除。恰好九十年後，將門的胞姪平忠常又步起他伯父的後塵來，舉兵反了。平忠常本來出身上總，是上總的土豪，他官運亨通，又當上了下總的太守，兼武藏的押領使，東國一帶都受他管轄。於是他仗勢既不納稅，也不供徭役，到了長元元年，索性舉兵先解決了上總的地方官，然後又侵入到安房，把安房的太守也殺了。這正是道長逝世的第二年。道長的兒子賴通，雖然已經當了關白攝政十餘年，但他一向是太平宰相，在他父親在世時，什麼要政都輪不到他管，自有他老爺子一手承當。這時，他計無所出，衹有去抄老文章了。過去平將門之亂時，是藉了平將門的堂房兄弟平貞盛的力量平定的。現在平忠常恰巧也有位堂房哥哥，名叫平直方，又是現任的檢非違使，任務便是平亂的。於是賴通便下詔，命平直方率領兵馬前去討伐，誰知這次的神符不靈，兩軍對峙，三年無功，反而東國一帶遭了兵災，更加荒亂不堪了。賴通這才想起他身邊一位老將，也是皇室之後，姓源名賴信，久在賴通的伯父道兼手下任事多年，不但勇武並且深通韜略，和他長兄賴光齊名，極受道兼的倚重。爲了報效道兼，他曾經計畫去刺殺當時的關白道隆，幸而在緊急關頭，被老兄賴光發覺，加以勸阻，沒有釀成大錯。道兼死後，他兄弟二人都投在道長帳下，也頗受寵任。這時賴信雖然已經年逾花甲，但是依然矍鑠，並且他還有一個沉毅勇武的兒子，可做臂助。賴通果然想通，便命令源賴信以甲斐太守的身分，率領坂東諸郡的軍兵，進討叛賊平忠常。這便是平源二氏在疆場上你死我活鬥爭的開始。

賴信奉命之後，一方面進軍，一方面去找出了家而且已經在廟裡當了法師的平忠常的兒子。賴信把他請了來曉以大義。這位法師很通人情，情願去勸說他父親來歸降，但是平忠常哪裡肯聽。那時正巧又是漲水的時期，他隔河而守，以爲是天嶄。賴信於是便命他兒子賴義，率領少數精兵乘夜渡河，平忠常原以爲有險可恃，等到發現官兵已臨城下，知道大勢已去，忙把頭髮剃了換上僧服，率領子姪兵丁不戰而降了。

賴信押解了平忠常得勝還朝，在路途上平忠常突然患起重病，在解到美濃地方的鄉間時死了。他算運氣，沒有在活著的時候受那一刀之苦。賴信請美濃的太守驗明了正身，把死人梟了首，帶到京都交了差。朝廷寬大爲懷，平忠常已死，他的子姪從犯都從輕發落了。

賴信和他的兒子賴義都受了封賞。賴信因爲他母親遺骨葬在美濃，要求任美濃的太守，到了第二年的正月，後一條天皇允其所請正式任命了，他便走馬上任到了美濃。但是賴義卻沒有去，留在京裡伺候敦明親王，做他的隨從，平時陪伴著親王走馬打獵。他因爲善於騎射，尤其對付飛禽走獸無須使用勁弩穿甲，祇要一把弱弓，已經夠用，所以更是百發百中，博得京中的顯貴們讚美。檢非違使平直方，那位奉命討賊而三年無功的老頭兒，特別看中了他，把女兒嫁給他，以後接連生了三個男孩，取義字做排行，名叫義家、義綱、義光，一個個都武藝超群，奠下了源家武將的傳統。賴信活到八十一歲才死，他留下的並不是他的武功而是一篇文章。他爲了感謝八幡大菩薩使他兵不血刃，就平定了頑寇平忠常，特撰頌辭，自稱他是「八幡大菩薩之後，承蒙遠祖神靈的呵護，得建奇功，尙望菩薩永遠保佑，使一家長享榮華」。以後日本的武將出征，一直以八幡大菩薩爲他們的護身符。

賴信死後剛剛兩年，日本又發生叛亂了！

北部的蝦夷，一向是日本心腹之患，自從桓武天皇起用了華裔坂上田村麿爲征夷大將軍，替日本東征北討，總算將夷窟蕩平，把降俘一部安置在出羽，另一部安置在陸奧。但是降俘受不了地方官的壓搾，常常叛亂。蝦夷本來就蠻悍，再加上被逼無路可走時，就更是凶猛，難以敉平，幾百年來始終不得安靜。也有人曾經提議使用大兵去遠征，一鼓徹底消滅。但是這麼做就非得勞師動眾不可，並且也不見得必有把握，何況單是水陸兩路輸運輜重的費用，算了算，朝廷就已經不勝負荷了。於是祇有用以夷制夷的辦法，由蝦夷之中挑選一兩個較有名望又能聽命的，立爲酋長，封以官位，讓他們去自治。果然這樣獲得了一時的安定，但是日久弊生，更嚴重的問題便發生了。

酋長本來就有威望，再加上朝廷的誥命，聲勢更盛了。蝦夷團結在一個領袖之下，儼然成爲獨霸一方的諸侯。陸奧的邊緣上有六郡，都是蝦夷的部落，酋長安倍賴良已是三世世襲，他支配的範圍除了六郡之外，北面擴張到幾個河流之上，分別設置了關柵。南面越過了他們原規定的駐屯地，侵入到腹土，他不但不納賦稅，不輸徭役，反而收往來船隻的規費，要人家的買路錢。是可忍孰不可忍。陸奧太守藤原登任實在看不下去，便點起了幾千兵馬，殺奔前去，打算給這些夷人小小的教訓，誰知行軍到了一個地方名叫鬼切部，突然遇到了伏兵，名副其實遭到了鬼切，全軍覆沒了。

敗報到了京都，滿朝京官都嚇得面無人色。有過戰爭經驗的人祇有賴信的兒子源賴義了，他這時已官任相模的太守，愛才好施，因此坂東一帶的弓馬之士，都爭爲門客，眞是遠近知名。攝政關白賴通一時想不出更適當的人選，即刻命他轉任陸奧太守，兼陸奧鎭守府的將軍，負責討伐叛亂的蝦夷。賴義到了陸奧，正想摩拳擦掌大顯身手的時候，忽然朝廷爲了太皇太后彰子生病，特頒大赦爲她祈福。蝦夷當然在被赦之列，賴義也祇能按兵不動了。而安倍也很乖巧，他早已聽到賴義的勇名，和他慷慨好義的性格，所以表現得十分恭順。他們相安無事，一晃過了三年，安倍爲了崇敬賴義，並且特地將自己的名字改了個字。他原來叫安倍賴良，賴良日文讀法爲「要利要喜」，和賴義的讀法完全相同，他故意留下「賴」字，以表示對太守友好之意，而改「良」爲「時」，「要喜」變爲「托基」，以示不敢和太守同名，似乎也夠巴結的了，但是仍然有意外事情發生。

在賴義任滿之前，照例要到各處去巡視一番，走到蝦夷區時，安倍挑選了幾匹駿馬和金銀寶貝送到賴義的帳下，除了賴義本人外，所有的兵將幾乎每人都有餽贈，竭盡款待之能事。賴義巡到了阿久利川附近紮營休息的時候，忽然有人夜襲，混戰了一頓，幸而沒有很多人傷亡。但是賴義卻不能不追究，他麾下副將之子光貞報告道：「在黑暗中，有個高高大大的人好像是安倍的兒子貞任。貞任看中我妹妹，去年曾經來向我家提親，因爲他們是蝦夷，所以我家回絕了他們。可能因此懷恨，而要來殺我們！」這一番莫須有的陳辭，賴義居然信了。他盛怒之下，就要把貞任抓來斬首。安倍聽到消息，把他的族人聚集了來說道：「我們忍辱負重想同他們相安，結果討不到他們的歡心，現在爲了毫無證據的事還要怪在貞任的頭上。貞任雖然愚癡，但他是我的兒子，人生在世是爲了天倫，我若不能保我妻兒，何以爲人。現在唯有一戰，不戰是死，戰或還有一線生路。」大家齊聲吶喊願效死戰，就這樣蝦夷是反定了！

賴義和他的長子義家領兵攻打安倍，這是後冷泉天皇的天喜四年。義家這時才十六歲，已經練得一身好武藝。他生時賴義夢見八幡大菩薩賜給他一把神劍。成人禮是在石清水的八幡宮裡舉行的，因此小時便有外號，稱爲八幡太郎。他和他父親一樣，精於騎射，也是個英武絕倫的小傢伙，總喜歡衝鋒陷陣一馬當先。他們父子兩人之外，坂東一帶的豪傑很多都來投效，最怪的是，安倍有兩個女婿平永衡和藤原經清雖然娶了蝦夷做老婆，但都投到賴義的麾下，想來報效國家。不過安倍方面也不弱。蝦夷是哀兵，爲了求生而鬥，抱著必死之心奮勇向前，所以銳不可當。尤其受了冤枉的貞任，本來就是一員虎腰猿臂的猛將，他此時等於撿回來一條性命，更是誓不兩立要拚個你死我活。

兩軍對陣，互相死傷，成了對峙的局面。持久戰卻對賴義不利，他雖然是陸奧的太守，但是人民未附，並且土地貧瘠糧食不夠，供應不起大軍團的消耗，本來聞風慕名而來的壯士又都慢慢離散了。偏偏賴義又做了件大錯事，安倍女婿之一的平永衡，是平家的後人，一個有血性的好漢，可是總得不到賴義的信任，免不了便有怨懟之色，於是更起了賴義的猜疑，以爲是受了安倍的指使來詐降的。大凡疑念一生便會疑上加疑，怕他眞的會做內應，賴義竟冤枉地把他殺了。另外一個女婿藤原經清看到連襟無故被殺，知道也快輪到頭上來了，立刻帶了親兵八百多人投奔到丈人那面去了。

賴義受到了打擊，知道硬拚沒有什麼希望了，他便派了密使，偷過安倍的領區去遊說北部的蝦夷，引誘他們來夾擊安倍。安倍偵知之後，便也親自出馬阻止，不幸走到半路上被伏兵一箭射中，趕到鳥海柵時瘡發而死。蝦夷雖然失去了領袖，但是並未喪失鬥志，他們擁戴了貞任繼續再戰。到了天喜五年的十一月，陸奧已是冰天雪地，賴義久不得援，糧又不足，貞任探聽得眞切，知道敵人疲敝已極，他便率領了精兵四千，爲老父報仇。他氣勢如虹衝殺過去，把賴義殺得大敗，幸而仗著義家的神威，才開出一條血路，把賴義由重圍之中救了出來。

經過這次的大挫敗之後，賴義方面的士氣頓然低落了下來。他雖然屢次飛報請援，但是朝廷都置之不理，偶爾派了鄰郡的太守來助陣，一晃看過之後，便又悄悄溜走了。賴義祇能反攻爲守，他唯一的希望是北部的蝦夷能來助他一臂之力。就這樣僵持了幾年，安倍貞任的聲勢更大了。他甚至派人到他領域之外徵集糧餉，賴義都奈何他不得。到了康平五年的春天，賴義的任期又滿了。朝廷派了一位新任太守來瓜代，但是他來到之後知道事情棘手，馬上掉頭回京了。這時賴義好不容易說動了出羽地方的蝦夷降俘的酋長清原武則。他答應率領子弟兵一萬多人來助戰。到了夏天，果然浩浩蕩蕩地集中到了陸奧。這時賴義手下僅僅不到三千人了。在名義上雖然他還是統帥，但是事實上的調度都要聽清原武則了。

頭二三四陣都是清原的部隊，第五陣才是賴義，而在這第五陣之中還夾雜著清原武則的親兵，所以這一仗賴義著力的地方不多，而是蝦夷的兩大部落的爭霸戰。康平五年的九月五日，安倍貞任率領了精兵八千餘人，對新來的大軍施以突擊，但是並沒有得手，反而敗陣下來，形勢從此逆轉了。

賴義乘安倍軍退兵的時候，便追蹤夜襲，進占了幾處據點。翌日貞任據「衣川」而守，也被賴義派兵偷進柵內放起火來，貞任不得已祇好沿著「衣川」往北後撤，賴義和清原武則的大軍緊緊追殺，在攻破衣川柵時，貞任單騎落荒而走，後面賴義的兒子神箭手義家趕上，他彎弓搭箭，準備將貞任射死時，看到旁邊滾滾流不盡的衣川水，把貞任喝住，以衣爲題，叫道：

襤褸衣衫破綻多。

貞任在馬上順口答道：

堪悲線老皆寸斷。

對上了義家的上句。英雄惜英雄，義家聽到窮途末路的敵人，在逃命之餘，還能不忘酬答，心中大爲不忍，把箭收起，放貞任走了。但是貞任還是多活不了幾天，到了九月十七日，他最後的據點廚川柵也被攻破了，貞任在亂軍之中被人砍死。他的妹夫藤原經清被擒。貞任幾個弟弟雖然逃脫了，但看看大勢已去，衹好紛紛自縛請降，安倍氏的蝦夷就這樣亡了。史上所謂的前九年之戰，算是結束了。

蝦夷酋長清原武則滅了安倍之後，不但奪得了安倍原有的六郡之地，並且也占有了他們的子女玉帛。

藤原經清被他們所俘，不屈而死。他那房如花美眷安倍貞任的妹妹被虜了去之後，武則將她配給了他的長子武貞，這樣卻救活了一個七歲的孩子，藤原經清所遺下來的獨子。照那時代的常例，敗軍之將的男孩，也一樣要處死，因爲媽媽嫁給了清原家，拖油瓶也帶了過去算清原家的人，因此留得一命，這便是清原清衡了。後三年之役，便以此人爲主角。

後三年之役

日本歷史上所謂的「前九年之役」，由源賴義、源義家父子經過多少次的挫折，終於平定了。原來盤踞在陸奧地區的蝦夷降俘安倍賴時一家，死的死、降的降、虜的虜，就此滅亡了。源賴義得勝還朝，因功轉任了伊豫郡的太守，兒子神箭手義家也封了官，一時留在京都，出力最多的出羽蝦夷的酋長清原武則，正式被任命爲陸奧鎮守府的將軍，領有了原來安倍賴時所占有的六郡。

攝政關白藤原賴通有一次大宴群臣，召見了義家，垂詢了陸奧之戰的始末，義家當著滿朝文武，細細報告了一遍，座中有位文士微笑點頭，等義家陳述完畢起身告退時，那位仁兄忽然深深地歎了一口氣，口中念念有詞。義家雖然聽不清楚，卻也存在心裡，看到一起退下來的官員之中有位熟人，便連忙趕去打聽那位歎息的人是誰，口中說的是什麼。他的朋友老實告訴他道：「此人姓大江名匡房，是鼎鼎大名的漢學家，他好像嘴裡念了一句：『可惜好漢不知兵』，似乎嫌你書讀得不夠！」義家聆聽之下羞慚滿面，第二天馬上備了份厚禮，去晉謁這位學者，向他求教。大江看他能虛心請益也十分歡喜，兩人便從此訂交。大江收義家爲弟子，授他《孫子》十三篇，從此日本成名的武人無有不精研我們的孫武兵法的了。

這位大江匡房，世代書香，自幼聰穎異常，八歲已經讀完中國的《史記》、《漢書》，十一歲便會作漢詩，是位神童。他恃才傲物，看不起當時的達官貴冑，所以不得人緣，一直坎坷仕途，跡近潦倒。他甚至憤世嫉俗，想到深山裡出家去。關白藤原賴通對於這位狂士看不順眼，便把他派到東宮裡去伺候皇太子。誰知他到了東宮之後，卻如魚得水。原來這位皇太子尊仁親王不但也是個可憐蟲，並且還是位讀書種子，和他恰好氣味相投，大江便做了皇太子的心腹，而皇太子也對他非常禮遇。

日本自從宇多天皇以來，一百七十年間所有的天皇，沒有一位不是藤原家的女婿、藤原家的外甥。唯獨這位尊仁親王是例外，他的母親不是藤原家的姑娘，藤原家當然看他是外人。他的父親後朱雀天皇生了兩位皇子，長子親仁親王是藤原后所生，可是藤原后以後就再也生不出男嗣來。次子便是尊仁，後朱雀禪位給他長子親仁時，曾經和攝政藤原賴通商量過，要立尊仁爲太子，卻碰了一個軟釘子，賴通悶聲不響，不做任何表示。說也奇怪，做了天皇的親仁親王，娶了攝政藤原賴通的女兒寬子，又娶了教通的女兒歡子爲后，兩后怎麼也生不出兒子來。藤原家的風水轉了，幾兄弟雖然人人做高官但都不生女，偶爾生個女兒，小心撫養，成長之後嫁到皇室卻又生不出男嗣，外戚的地位眼看著搖搖欲墜了。不得已祇好暫時讓尊仁當了皇太子，但是象徵東宮之位的壺切寶劍卻存在藤原家，不肯爽爽快快地獻出來。很明顯，祇要哪一位皇后生出一位皇子來，尊仁便須讓位。尊仁這樣戰戰兢兢地當了二十三年的儲君，在這二十三年之中，他隨時都準備捲鋪蓋，連東宮裡的宮女看見御林軍進宮來捉賊，都嚇得魂不附體，以爲太子被廢了。但是他命大，兩位嫂嫂始終不爭氣，沒有男嗣。到了治曆四年後，冷泉天皇薨，東宮太子尊仁親王即位，是爲後三條天皇。藤原這時才將那壺切寶劍呈送了過來。但是遲了，天皇用不著壺切，另有其他的信物，並且不能因爲有了這把劍，天皇就把二十三年來堆積起來的怨毒化解開。後三條登上寶位之後，便起用大江匡房爲藏人，參與密勿，他君臣二人處心積慮地想擺脫攝政家的羈絆。當時雙方對立的形勢，眞是日益尖銳。由於莊園制度不斷擴張，稅收逐漸減少，而藤原家的私庫反而日益膨脹，政令都出自攝政關白之門，天皇無法預聞，再不設法翦除，噬臍無及，終於讓他們想出了一個變通辦法，但到後來仍然弊病百出，證明是十足的餿主意，那便是院政的開始了。

後三條不愧爲一代賢君，他氣度寬宏，能納諫，能用人，同時他的作法也很巧妙。雖然他逐步地把藤原家的權勢一點點地剝削了，但是並沒有和藤原家發生過什麼嚴重的摩擦。首先他限制了莊園的再擴張，寬德二年以前就存在的莊園可以保留，以後的一律作爲公田。他故意挑選了寬德二年，是因爲二十多年前藤原賴通任關白時，曾經同意過限制莊園，表示此刻並非新創意，不過是二十餘年前沒有能實行的政策，付諸實施而已。後三條又引進了好幾位公卿，雖然也是藤原家一族，但是和攝政藤原賴通、教通兄弟並不投合，使得他們兄弟二人有如啞巴吃黃連。同時又刻意培植源家子弟，藉源家的力量來削弱藤原。他最後的撒手鐧是禪位，禪位給他的兒子白河天皇，自己當起太上皇來。

不過他做了太上皇之後，和以前的幾位上皇大大不同，他不是消極逃避繁雜，而是積極地想抓權，立刻組織了一個小型朝廷，稱之爲院廳，一樣發號施令，祇是不經過正式的行政系統而已，實際上就是撇開了攝政關白的羈絆。上皇是天皇之父，他的旨意誰敢不遵，日本於是便有兩處最高行政執行機構了。藤原兄弟當然不會高興，但是他們二人都年事已高，賴通八十一歲一心念佛，教通也已七十三歲，到了與人無爭的境界，院廳的制度就這樣平平靜靜地成立了。

院政雖然開始了，但是創意實行的後三條天皇，卻一病而亡了，年齡還祇剛剛四十。在宇治別墅靜養中的賴通正在用飯，聞訊後歎息道：「本朝眞是沒有運氣，像這樣一位賢主，可惜這麼早就崩逝了！」後三條一心想對付的便是藤原賴通兄弟，而賴通始終並沒有察覺出來，足見得後三條手段的高超了。

前九年之役，很快過了整整二十年。當時的功臣源賴義以八十八歲的高齡，早於七年前死了。他的兒子神箭手義家警蹕在京都，有時也派出去平亂，不斷地建了些功勞。那時日本的幾個大廟都擁有很多地產。爲了保護這些地產，廟裡的和尚開始武裝了起來。他們慢慢變成一群不講理的蠻橫悍兵，互相械鬥，鬧得京畿一帶日夕不安。天皇定期出巡都怕僧兵來襲，義家和他的弟弟義綱常常帶兵護衛，很得寵任，到了永保三年，西曆一〇八三年，恰好是前九年之役陸奧大捷的二十周年，朝廷又派源義家去任陸奧守了。陸奧的蝦夷酋長清原武則已死，由他的孫子眞衡襲位。武則的女婿也是他的外甥吉彥秀武，在前九年之役中，是一員領軍大將，但是眞衡卻看他不起。兩人心中免不了有芥蒂。眞衡為他的兒子（領養的孩子）完婚，十分鋪張。秀武以姻長的身分，不能不去道賀。他以一個朱漆大盤滿裝了黃金為禮物，親自踵門誌喜。哪知這位晚輩看他來了竟毫不理睬，一味地和一位來客奈良法師埋頭下棋。秀武等了半晌，實在忍耐不住，勃然大怒，把手裡托著的大盤和黃金往空中一拋，散了一地，大踏步衝出大門，趕回他出羽基地，糾合他的兵丁，便來和眞衡拚個你死我活。眞衡也毫不含糊領軍迎戰。

眞衡有兩個弟弟，一個便是他後母帶來的油瓶，本名藤原清衡，七歲時父親被殺，母親被逼改嫁清原武則的兒子，才留得一命，於是也改姓清原。另外一個是清衡的同母弟，名家衡，和眞衡是同父。這兩位弟弟一向受大哥的頤指氣使，沒有好日子過。秀武看穿了這一點，差了一個心腹，乘眞衡率眾離開陸奧的當口，暗中遞了一封信給這兩位弟弟說道：「眞衡視族人如犬馬，君等寧甘而從之乎？」

兩人一想，果然，眞衡連自己的親姑丈都不放在眼裡，倘若秀武被他滅了，我們還能有日子過！兩人計議了一下便動起手來，把眞衡的根據地膽澤郡的白鳥村，放起火來燒得乾乾淨淨，眞衡在前線聞訊大驚，急忙回軍來救，已來不及，祇剩下一片瓦礫場。他跺腳大恨，非好好教訓這兩個不成材的兄弟不可。清衡和家衡自知不敵，趕快躲了起來，恰巧這時源義家奉了朝命，到陸奧來做太守了。這是永保三年秋（西曆一〇八三年）的事。

陸奧不但是源義家的舊遊之地，並且也是他建功立業之所。眞衡是他並肩作戰的戰友之子，那時才十幾歲的幼童現在已是偉岸丈夫，統兵爲將了，自然歡喜。眞衡看見父執來，又是地方長官，更是竭誠招待犒賞三軍。兩人談得非常投機，眞衡便將這幾天的情形報告新任太守，加油加醬地控訴秀武的罪狀，請求義家替他看守老營，讓他能抽身去討伐秀武。義家滿口答應，命令他的手下兵將進駐到眞衡的根據地。清衡、家衡兄弟，看見哥哥眞衡又浩浩蕩蕩地率領大軍出征，以爲國內空虛，便又乘機來襲，誰知遇到了義家的精銳，一接仗，便被殺得大敗虧輸，兄弟二人捉到一匹馬，騰身而上才逃得性命。

眞衡出兵到了出羽，忽然病倒，沒兩天就死了，眞正出師未捷身先死。他率領的一群兵丁看見頭兒已逝，大家一哄而散，聽憑義家發落。義家便把眞衡原領的六郡，分給了他的兩位弟弟。清衡、家衡每人三郡。清衡是油瓶，從小受人欺侮，現在得了三郡之地，心滿意足，但是家衡卻萬分不高興，他認爲清衡根本不是他的族人，怎麼能有資格來和他平分這六郡！他年少氣盛，手段狠毒，派人去刺殺清衡，沒有得手，索性帶了兵夜襲清衡的家宅，把清衡一家老小全都殺光，單單溜走了清衡一個，清衡跑到義家府邸哭訴了一切。義家身爲太守，義不容辭要替清衡主持公道，帶領了數千騎攻家衡的大營沼柵。但是家衡也眞狠，堅守了幾個月，義家總也不能取勝。那時是應德三年的冬天，霜雪霏霏，寒冷異常。義家的兵卒沒有在嚴冬裡作戰的經驗，凍死的人不知多少。雙方這樣相持了數月。冬天尤其是義家的大敵，他眼見自己的親兵凍僵，實在不忍，自己解甲用體溫來使他復蘇。但這總不是辦法，如果後撤的話，蝦夷可能如排山倒海地壓將過來，將全軍覆沒，而向朝廷裡請援的話，一定總是一概不理。

他的小弟義光這時在京裡任左兵衛尉，知道長兄在陸奧有危難，便請纓馳援，無奈並未獲准，他一怒之下辭官隻身北上。義光不但武藝高強是弓馬的能手，並且自幼精於音律，一位名師豐原時忠授他吹笙，他有一只名笙取名交凡，視作至寶從不離身。他馳赴陸奧時祇懷中帶著交凡，沒有帶其他任何東西。豐原來送行，一站又一站地陪他，本來送君千里也終須一別，但是過了幾天豐原還是老跟著不肯回去，送到了逢坂關，義光忽然恍然大悟，豐原是捨不得那管笙，他便恭恭敬敬地由懷中解下交凡來，雙手捧了給豐原道：「兩軍陣戰，必有傷亡，這件寶笙萬一破損就太可惜了，還是由老兄保存吧。」豐原拜收後，又授了他一闋秘曲後上馬而回。義光到了陸奧，義家正在進退維谷的時候，看見自己的手足拚死來援，不免抱頭痛哭。到第二年，家衡這面也得到了族裡的援軍，沼柵駐屯不下重軍，便去改守更堅固的金澤柵。義家得到義光的鼓勵精神大振，慢慢把金澤柵包圍了起來。經過幾年的戰鬥，蝦夷這方面沒有能好好地去耕種，缺糧的情形日益嚴重，久持不決也有餓死之虞，家衡祇有冒險硬拚了。到了寬治元年的十一月十四日，他去偷襲，夜裡銜枚疾走要衝入義家大營的途中，驚動了一群鴻雁，義家熟讀兵書，看見群雁驚飛，知道敵軍有動作了，連忙防備。家衡不但撲了個空，反而遇伏，在驚慌逃竄中被人一箭射死。史上所稱的「後三年之役」，便告一段落了。

捷報到京都時，已經是十二月的二十六日。這時白河天皇已經在前一年禪位給他的兒子堀河天皇。白河師法他的父親後三條，做了上皇後才嘗到實權的滋味，他繼續當了三十餘年的上皇。

義家平定了三年之役後，原想再進一步把蝦夷一鼓蕩平，但是朝廷不肯再用兵了。不但不准他去追討，並且還認爲清衡、家衡之爭是私鬥，不能有封賞。義家挨了一悶棍，衹有自認倒楣。不過他也眞有氣派，把家財拿了出來犒賞所有的有功部屬！從此東關一帶的人對於源家，都死心塌地服從，「就是背叛了朝廷，也不能背叛源家」，成爲當時的口號！

後三年之役中得到最大便宜的是清衡了，哥哥和弟弟都死了。義家也奉命還朝了，清衡收拾殘局，唯我獨尊，成爲六郡當然的主人。他馬上恢復他的原姓，不再叫清原而叫藤原，和當朝的攝政攀了本家。陸奥出金砂、出駿馬，都是豪門貴冑最心愛的東西，清衡幼時歷盡了人生艱辛，很懂得如何討人歡喜，幾年以後，地方上瘡痍漸復，他便刻意地去巴結，駿馬、黃金不斷送到攝政關白府上了。義家回到京裡，領兵大將的威風盡失，在清衡的眼裡衹不過是一介武夫而已。

日本史話 上古篇

2005年12月二版　　定價：新臺幣250元

著　者　汪公紀
發行人　林載爵

出版者　聯經出版事業股份有限公司
台北市忠孝東路四段555號
台北發行所地址：台北縣汐止市大同路一段367號
電話：(02)26418661
台北忠孝門市地址：台北市忠孝東路四段561號1-2樓
電話：(02)27683708
台北新生門市地址：台北市新生南路三段94號
電話：(02)23620308
台中門市地址：台中市健行路321號
台中分公司電話：(04)22312023
高雄門市地址：高雄市成功一路363號
電話：(07)2412802
郵政劃撥帳戶第0100559-3號
郵撥電話：26418662
印刷者　世和印製企業有限公司

叢書主編　張素華
校　對　呂佳真
封面設計　翁國鈞

行政院新聞局出版事業登記證局版臺業字第0130號

本書如有缺頁，破損，倒裝請寄回發行所更換。
ISBN 957-08-2929-X（平裝）
聯經網址 http://www.linkingbooks.com.tw
信箱 e-mail:linking@udngroup.com

國家圖書館出版品預行編目資料

日本史話 上古篇 / 汪公紀著.
二版 . 臺北市：聯經，2005 年（民 94）
268 面；14.8×21 公分 .

ISBN 957-08-2929-X(平裝)

1.日本-歷史-上古（公元 645 年以前）

731.21 94020333

文化叢刊

思想與人物	林毓生著
政治秩序與多元社會	林毓生著
頭對著牆：大國的民主化	吳稼祥著
自由民主的理路	江宜樺著
上海的豪門舊夢	宋路霞著
毛澤東執政春秋	單少傑著
青春之歌：追憶1970年代台灣左翼青年的一段如火年華	鄭鴻生著
縱欲與虛無之上：現代情境裡的政治倫理	錢永祥著
當代三大民主理論	郭秋永著
政治實踐與公共空間	蔡英文著
經濟學的視野	朱敬一、林全著
走，到文學殿裡看一看！	彭鏡禧主編
解讀西洋經典	彭鏡禧主編
文學中的哲學思想	劉昌元著
魯迅與我七十年	周海嬰著
龍應台當官	蔡惠萍著
永遠的主題：施明德與魏京生對談錄	新台灣研究文教基金會總策劃
雪地禪思：高行健執導八月雪現場筆記	周美惠著
編輯台上：三十年代以來新聞工作剪影	薛心鎔著
水滸人物之最	馬幼垣著
與貝聿銘對話	林兵譯
人生在世：善心、公義與制度	孫震著
液體的回憶	丁學良著
海德堡語絲（新版）	金耀基著
尼采	劉昌元著
高行健論	劉再復著
雪地禪思：高行健執導八月雪現場筆記	周美惠著

更詳細之簡介，請上聯經網站：http://www.linkingbooks.com.tw

聯經出版公司信用卡訂購單

信用卡別：　□VISA CARD □MASTER CARD □聯合信用卡
訂購人姓名：　________________
訂購日期：　________年________月________日
信用卡號：　________ ________ ________ ________
信用卡簽名：　________________(與信用卡上簽名同)
信用卡有效期限：　________年________月止
聯絡電話：　日(O)________________夜(H)________________
聯絡地址：　□ □□________________
訂購金額：　新台幣________________元整
（訂購金額 500 元以下，請加付掛號郵資 50 元）

發票：　□二聯式　□三聯式
發票抬頭：　________________
統一編號：　________________
發票地址：　________________
如收件人或收件地址不同時，請填：
收件人姓名：　□先生
________________□小姐
聯絡電話：　日(O)________________夜(H)________________
收貨地址：　________________

・ 茲訂購下列書種・帳款由本人信用卡帳戶支付・

書名	數量	單價	合計
		總計	

訂購辦法填妥後

直接傳眞 FAX：(02)8692-1268 或(02)2648-7859

洽詢專線：(02)26418662 或(02)26422629 轉 241

網上訂購，請上聯經網站：http://www.linkingbooks.com.tw